Jonathan Will

Männer in der Sozialen Arbeit

Identität, Persönlichkeitsbildung und professionelle Haltung

Bibliografische Information der Deutschen Nationalbibliothek:

Die Deutsche Nationalbibliothek verzeichnet diese Publikation in der Deutschen Nationalbibliografie; detaillierte bibliografische Daten sind im Internet über http://dnb.d-nb.de abrufbar.

Impressum:

Copyright © Social Plus 2020

Ein Imprint der GRIN Publishing GmbH, München

Druck und Bindung: Books on Demand GmbH, Norderstedt, Germany

Covergestaltung: GRIN Publishing GmbH

II

Executive Summary

Die vorliegende Bachelorarbeit hat sich mit der Auswertung von Literatur sowie mit Praxisbeispielen anhand der Fragestellung Welche Auseinandersetzungen mit der eigenen Persönlichkeit sind fundamental für einen Mann als Sozialarbeiter für sein sozialarbeiterisches Handeln? deskriptiv beschäftigt.

Diese diskursive Auseinandersetzung mit Theorie und Praxis bildet einen pionierhaften Charakter, da diese Fragestellung in der Bundesrepublik Deutschland bisher nicht theoretisch oder empirisch bearbeitet und untersucht wurde.

Wissenschaftliche Zugänge über Konstruktivismus, Männlichkeit, Soziale Arbeit, Professionelle Haltung, Wirksamkeit und Identität bilden ein repräsentatives Bild über ein hochspannendes sowie komplexes, wissenschaftliches Feld zu der Bachelorthesis Männliche Sozialarbeiter – Konstruktion von Identität und professioneller Haltung ab.

Mitunter konnte als eines von sieben wesentlichen Ergebnissen festgestellt werden, dass ein männlicher Sozialarbeiter in der Sozialen Arbeit als fundamentalstes Merkmal in der Auseinandersetzung mit der eigenen Persönlichkeit ein reflektierter, emotional zugänglicher Mann sein sollte. Dies sollte ungeachtet von weiblich oder männlich konturierten Zuschreibungen, der Perspektive seiner Selbst und derer anderer empathisch betrachtet und bewertet werden. Zugleich ist es wichtig, sich selber positionsstark und der menschlichen Umwelt gegenüber prozesshaft begegnen zu können.

Inhaltsverzeichnis

Abbildungsverzeichnis

1 Einleitung

In der Bachelorarbeit handelt es sich um Menschen[1] und deren Auseinandersetzungen mit der Persönlichkeit. Besonders soll die Berufsgruppe der männlichen Sozialarbeiter thematisiert werden. Es zeigte sich bei der Formulierung der Fragestellung, dass ein breites Spektrum abgedeckt werden muss, um durch eine Annäherung der vielfältigen, wissenschaftlichen Bezüge ein repräsentatives Bild durch die Bachelorthesis **Männliche Sozialarbeiter – Konstruktion von Identität und professioneller Haltung** herstellen zu können.

Aufgrund dessen stellte sich zugleich die Herausforderung, aus welcher Perspektive die Thesis betrachtet und verstanden werden soll?

Im Zeitalter von Gender und einer feministischen Entwicklungskultur scheint die explizite Auseinandersetzung mit dem männlichen Geschlecht eher zu verblassen und keinerlei Relevanz zu haben. Möglicherweise wurde bereits über Männer alles gesagt und erforscht, sodass jedem Menschen klar ist, was Mann und Frau ist.

Gefolgt von öffentlichen Debatten darüber, dass es beispielsweise mehr Männer in der Sozialen Arbeit geben soll. Hier wird im Elementarbereich der Aufruf lauter, dass es mehr männliche Erzieher in Kindergärten geben soll.

Des Weiteren scheint ein öffentliches Meinungsbild über die Menschen, die im sozialen Bereich tätig sind, verzerrt zu sein. Was macht, weitergedacht, den wirklichen Unterschied in der Arbeit aus, obwohl eben alle mit Menschen zusammenarbeiten? Sind nicht Kindergärtner, Erzieher und Sozialarbeiter dasselbe?

An dieser Stelle ist entschieden und mit einem großen Nein zu antworten. Beiläufig zu erwähnen ist, dass die Berufsbezeichnung Kindergärtner seit 1967 überholt ist (vgl. Janssen 2011: S. 13). All diese Debatten, Vorurteile, Meinungen und undifferenzierten Blickwinkel könnten weitere Seiten füllen.

In der vorliegenden Bachelorarbeit geht es hauptsächlich um eine viel zu selbstkritische Profession und deren Aufwertung. Zugleich geht es um ein bejahendes Arbeitsfeld, in dem es sich sehr lohnt, die männlichen Sozialarbeiter in den Vordergrund zu stellen, sich deren Perspektiven anzusehen und eine männliche Kultur von Denken, Fühlen und Handeln kennenzulernen.

---

[1] Aus Gründen der besseren Lesbarkeit wird auf die gleichzeitige Verwendung aller personalisierten Sprachformen verzichtet. Sämtliche Personenbezeichnungen gelten gleichwohl für jedes Geschlecht.

Entscheidende Beweggründe, diese Arbeit zu schreiben, waren folgende Gedanken, formuliert in Fragen: Was fehlt dem einen oder anderen Mann, dass er sich nicht völligst selbstbewusst und souverän als Mann sowie als männlicher Sozialarbeiter behaupten kann? Fehlt ihm überhaupt etwas? Oder ist er beispielsweise ideenlos. Besitzen viel mehr männliche Sozialarbeiter gar keine Identifikation mit ihrer Persönlichkeit oder wollten sie sich nicht mit einer Identitätsentwicklung auseinandersetzen?

Schlussendlich bildete sich folgende Fragestellung für die Bachelorarbeit:

Welche Auseinandersetzungen mit der eigenen Persönlichkeit sind fundamental für einen Mann als Sozialarbeiter für sein sozialarbeiterisches Handeln?

Es liegt ein sehr vielschichtiges und komplexes Gefüge von unterschiedlichsten theoretischen Zugängen vor, welches ein umfassendes sowie ansprechendes Bild von männlichen Sozialarbeitern abbilden soll. Die Würdigung und Wertschätzung gegenüber männlichen Sozialarbeitern sind Motivation und Antreiber zugleich, einen bunten Entwurf von Mann-Sein im Kontext als Sozialarbeiter in dessen Arbeitssetting der Sozialen Arbeit beschreiben und ausführen zu können.

Im Kapitel 2 Konstruktion werden Begrifflichkeiten und Perspektiven definiert. Der erste Schritt ist eine Annäherung, zu verstehen und aus unterschiedlichsten Betrachtungskontexten abzuleiten, wer oder was Konstruktivismus ist. Mit diesem Abbild einer geschaffenen Wahrnehmung wird weiter ausgeführt, was, beispielsweise, grundlegend einen Sozialarbeiter ausmacht. Zu welcher Berufsgruppe gehören eben diese und was sind mögliche Arbeitsfelder sowie –aufgaben, gekennzeichnet von charakterlichen Eigenschaften eines Sozialarbeiters? Abschließend wird sich daraufhin mit einem Verständnis von Männlichkeit beschäftigt. Welche Eigenschaften werden einem Mann z.B. zu- oder abgesprochen? Zusammenfassend gibt es ein Grundverständnis von eben dieser und weiteren Wirklichkeiten in Bezug auf männliche Sozialarbeiter und eine erste Stellungnahme.

Weiter aufbauend wird in Kapitel 3 Soziale Arbeit ein Berufsverständnis der Sozialen Arbeit abgebildet. Immer im Diskurs stehend zu Kapitel 2. Des Weiteren werden ausschnitthaft erste, handlungsorientierte sowie praxisnahe Bezüge hergestellt. Diese werden durch ein Bild von professioneller Haltung komplementiert. Unter anderem wird sich mit der Frage befasst, wofür diese gut ist und wem oder was eben diese nützt. So kann sich im nächsten Schritt der Wirksamkeit und den wirkungsvollen Mechanismen eines männlichen Sozialarbeiters weiter angenähert werden. Das Kapitel 3 steht im Dialogischen Prinzip zueinander und greift jeweils die genannten Elemente von Berufsverständnis, Professioneller Haltung und Wirksamkeit auf. Mit diesem Betrachtungsverständnis und den Inhalten aus Kapitel 2 wird immer wieder, sequenzweise, Bezug zur Fragestellung der Bachelorarbeit genommen.

Besonders intensiv wird sich im Kapitel 4 Männliche Identität als Sozialarbeiter in der Sozialen Arbeit mit der Entwicklung und der Bedeutung von einer männlichen Identität für den männlichen Sozialarbeiter in der Sozialen Arbeit auseinandergesetzt. Hier wird erläutert, was unter einer Identität verstanden wird und zugleich, wie eine mögliche männliche Identitätsentwicklung gestaltet und betrachtet werden kann. Die wesentlichen Elemente aus den Kapiteln 2 und 3 fließen fort weg mit ein und es entsteht ein ganzheitlicheres Bild. Des Weiteren wird die Bedeutung für den männlichen Sozialarbeiter mit weiteren Praxisbeispielen untermauert. In diesem Kapitel werden wesentliche Antworten auf die Thesis-Fragestellung **Welche Auseinandersetzungen mit der eigenen Persönlichkeit sind fundamental für einen Mann als Sozialarbeiter für sein sozialarbeiterisches Handeln?** belegt und dargestellt.

Das Kapitel 5 Männliche Identität in der Sozialen Arbeit entwickeln beschäftigt sich mit praxisorientierten Konzepten für z.B. Fortbildungen zur Identitätsbildung. Hier werden Antworten darauf gefunden, ob überhaupt solche Angebote in der Bundesrepublik Deutschland existieren und wie der Theorie-Praxis-Transfer zu den Kapiteln 2, 3 und 4 geschaffen werden kann. Weiterführend gibt es Auswertungen, inwiefern eben diese Ideen von Angeboten fachlich versiert sind und ob sie eben, vollumfänglich, den wissenschaftlichen Erkenntnissen für eine Auseinandersetzung mit der eigenen Persönlichkeit als männlicher Sozialarbeiter gerecht werden oder nicht. Des Weiteren wird eine kritische sowie positive Annahme bei der Fragestellung, ob eben diese Entwicklung möglich und notwendig sei, ausgeführt.

Im letzten Kapitel 6 Fazit werden zum einen die sieben wesentlichen Ergebnisse der Fragestellung aus der vorliegenden Bachelorarbeit beschrieben und aufgeführt. Auf der anderen Seite werden die möglichen Folgen einer fehlenden Identitätsbildung als männlicher Sozialarbeiter abgebildet, sodass weitere Ausblicke auf die empirische sowie der handlungsorientierte Vorgehensweise empfohlen und dargestellt werden.

2 Konstruktion

Konstruktion ist ein Begriff aus dem technisch-pragmatischen Sektor. Es beschreibt ein Gerüst, eine Bauart, z.B. für eine Maschine und befasst sich mit den Fragen, wie diese beschaffen und aufgebaut sind und mit welchem technischen Verständnis sich eine Maschine reguliert. In der Bachelorarbeit geht es um Menschen und vielmehr um die Wirklichkeit derer. Folgendes Zitat soll verdeutlichen, was unter Wirklichkeit verstanden wird:

> „Wirklichkeit – wenn dieser Begriff überhaupt einen Sinn haben kann – ist die Welt, die wir *erleben*; sobald wir aber über die Wirklichkeit sprechen, ergänzen wir empirische[2] Erfahrungen durch zahlreiche Deutungen, mit denen wir das erkannte Ganze auslegen, das auf diese Weise immer mehr ist, als die Summe der realen Erfahrungen. Hinter ´der Wirklichkeit´ verbirgt sich ein *Interpretationskonstrukt*.“ (Jensen 1999: S. 27f)

Um dieser Definition zu folgen, bleibt offen, inwiefern die eigens geschaffene Wirklichkeit nach außen zu transportieren ist. Vielmehr stellt sich die Frage, wie es einem Menschen gelingen kann, seiner Außenwelt mitzuteilen, dass sein selbst geschaffenes Konstrukt von Wirklichkeit sichtbar wird? So bleibt zu überprüfen, ob im Weiteren zwischen Wirkung und Wirksamkeit differenziert werden muss.

Bei Wirksamkeit geht es um die tatsächliche Wirkung, also, wie effektiv und effizient beispielsweise das Handeln eines Menschen ist. Hierzu definieren Macsenaere und Esser: „Die Bezeichnung Wirkung zielt auf das Verhältnis eines Impulses zu einem Zustand vor Eintreten des Impulses. (...) Wirkung ist damit als das Resultat eines durch einen ursächlichen Impuls hergestellten bzw. sichtbar gemachten Kausalzusammenhangs anzusehen.“ (Macsenaere & Esser 2015: S. 12)

Häufig wird in diesem Zusammenhang ebenfalls von Nutzen im weiteren Sinne gesprochen. Wem oder was hat die ausgeführte Handlung genutzt? Dem Menschen selber oder einem zweckgebundenen Dritten, wie z.B. anderen Personen, Zielsetzungen?

---

[2] „Unter ´**empirisch**´ versteht man eine auf Tatsachen beruhende Vorgehensweise in Wissenschaft und Forschung. Hierbei werden **Erkenntnisse systematisch aus messbaren bzw. beobachtbaren, nachprüfbaren Ergebnissen gewonnen, nicht aus theoretischen Überlegungen**.“ (Simon 2018)

Es gilt jederzeit abzuwägen und zu differenzieren, mit welcher Intention oder Motivation Wirklichkeit und Wirksamkeit verstanden werden. Ebenso aus welcher Perspektive diese gesehen, beobachtet und bewertet werden.

Für ein erstes Verständnis von Konstruktivismus, abgeleitet von dem Begriff Konstruktion, definiert Kersten Reich sehr treffend drei Elemente als Unterscheidungsperspektiven in der Didaktik, welche auf der Metaebene sinnvoll anwendbar sind. Der Autor spricht von der Konstruktion, durch die der Mensch den höchsten Grad an Selbstbestimmung und Selbstwert durch sein Handeln erlangt. Zu berücksichtigen ist der Blick auf die Beziehungen zu uns und dem Gegenüber sowie die Gefühlsebene, welche einen starken Einfluss auf die eigene Wahrnehmung hat. Mit dieser Betrachtungsweise kommt die Rekonstruktion ins Spiel, welche den elementaren Baustein einfließen lässt, dass sich unsere Wirklichkeit nur verändert, indem wir diese akzeptieren und immer wieder neu entdecken. Dies kann durch eine Form der Selbsttätigkeit gelingen, in der ein Zusammenspiel von Einsicht und aktivem Nachgehen existiert. Abgerundet wird es durch die Dekonstruktion, welche wachsam durch kritisches Hinterfragen und Betrachten der Selbst- sowie Fremdwahrnehmung dazu führt, dass die Parameter als lebendig und wachsend entwickelt werden können (vgl. Kersten Reich 2006: S. 138-141).

Vielmehr geht es um ein tieferes Verstehen einer Wirklichkeit und zugleich um die eigene Wirksamkeit in seinem Betrachtungsverständnisses. Um ein ganzheitlicheres Bild von Konstruktivismus zu erhalten, werden nachfolgend weitere Definitionen und Erläuterungen beschrieben.

2.1 Definition von Konstruktivismus

Den Mittelpunkt von Konstruktivismus bildet das Verhältnis von Wissen und Wirklichkeit ab (vgl. Jensen 1999: S. 26). Insoweit, „... wie sich Wissen über die Wirklichkeit zu eben dieser Wirklichkeit verhält ..." (ebd.) oder ob sich das Wissen durch Beobachtungen generieren lässt (vgl. ebd.).

Es zeichnet sich weiter ab, dass ein zentrales Merkmal von Konstruktivismus eine Form von tiefergehender Reflektion ist, ein bewusstes Auseinandersetzen mit sich als Person in Bezug zu seiner eigenen Wirklichkeit. Hier geht es um das Wissen über Antworten z.B. auf die Fragen: Wie bin ich als Mensch gestrickt? Wann verhalte ich mich wo und wie? Wieso tue ich das, was ich tue? Dem nachzugehen ist als Mensch keine leichte Aufgabenstellung. Um einen wissenschaftlichen Bezug zu Wissen im Kontext von Wirklichkeit herzustellen, beschreibt Jensen:

„Wissen und Wirklichkeit[.] Der [sic!] Verhältnis von Wissen und Wirklichkeit wird vor allem vom >>neuen Konstruktivismus<< reflektiert … . (…) Wie entsteht und worauf bezieht sich das Wissen, das Wissenschaft liefert? (…) Gefragt wird *erstens* nach dem Aufbau der Wirklichkeit: *Was existiert?* – eine Frage der *Ontologie*[3]. Gefragt wird *zweitens* nach der Möglichkeit von Erkenntnis: *Was können wir wissen?* – eine Frage der *Epistemologie*[4]. Zu diesen ´klassischen´ philosophischen Fragen kommt im Konstruktivismus unter dem Stichwort *Kognitivismus* noch eine dritte: Wie vollzieht sich der *individuelle* Aufbau der Erkenntnis in Lebewesen? Das ist die Frage nach der empirischen *Kognition*.“ (Jensen 1999: S. 98f)

Konstruktivismus bildet aus den unterschiedlichsten Perspektiven variable Fragestellungen, um so die Herangehensweise zu verdeutlichen. Vielmehr wird deutlich, dass jeder Blickwinkel individuell und andersartig ist. Zugleich wird der Dialog angekurbelt, um mit jeder einzelnen Betrachtungsweise interaktiv und wechselseitig zu sein.

Um den Horizont in diesem Kapitel zu erweitern, werden nachfolgend einige weitere Ansätze und Sichtweisen von Verständnissen aus deren unterschiedlichen Perspektiven und Bezügen definiert. Wichtig zu wissen ist, dass es sich um ausschnitthafte und um einen Bruchteil weniger konstruktivistischer Darlegungen handelt.

Wird der Begriff aus der Perspektive der Kunst betrachtet, so soll der Betrachter das indirekte Kunstwerk des Künstlers verstehen und deuten können. Es geht nicht

---

[3] „Ontologie als wissenschaftliche Disziplin innerhalb der Philosophie ist die Lehre vom Sein, d.h., Ontologen denken darüber nach, was existiert oder was konstruiert wird. Daher muss man die Frage nach dem Sein und die nach dem Erkennen trennen. Philosophen versuchen festzulegen, welche Dinge oder Gegenstände immer schon existieren, und zwar entweder durch Konstruieren oder durch Entdecken. (…) Der Begriff der Ontologie ist in jüngster Zeit aber nicht nur auf die Philosophie beschränkt, denn zunehmend beschäftigen sich auch Psychologen, Soziologen oder Wirtschaftswissenschaftler mit dem Thema der Ontologie.“ (Stangl 2019a)

[4] „Die Epistemologie oder Erkenntnistheorie ist ein grundlegendes Teilgebiet der Philosophie, das sich mit folgenden Fragen befasst: … Wie kommt Wissen zustande? … Welche Erkenntnisprozesse sind denkbar? … Wie ist wissen unter den verschiedenen Voraussetzungen begründet? … Woran erkennt man, dass Wissen tatsächlich auf Grund von Erkenntnis angeboten wird? Von Interesse für die Epistemologie ist vor allem auch, welche Arten von Zweifeln an welcher Art von Wissen grundsätzlich bestehen können. Unter Epistemologie versteht man in der Philosophie und Wissenschaftstheorie ganz allgemein daher die **Lehre vom Wissen** (z.B. bei Platon und Aristoteles) im Unterschied zu der auf der Sinneswahrnehmung beruhenden (bloßen) Meinung. Traditionell unterscheidet man zwei Zugangsformen der Epistemologie: … den **Rationalismus**, der besagt, dass Menschen ihr Wissen durch logisches Denken erlangen, und … den **Empirismus**, der besagt, dass Menschen ihr Wissen durch sensorische Erfahrung erlangen. Die meisten Philosophen stimmen allerdings darin überein, dass es beider Zugangsweisen bedarf und dass sich beide gegenseitig unterstützen und korrigieren.“ (Stangl 2019b)

um das erstellte Kunstwerk z.B. auf einer Leinwand. Der Künstler möchte durch seine Art und Weise von Kunst etwas darstellen. Genau diese Interpretation vom Betrachter soll ihn dazu bringen, sich mit dem Werk der Kunst, mit der Darstellung des Künstlers, auseinanderzusetzen. So lässt er sich auf die Konstruktion, also auf die Sichtweise des Künstlers, ein und betrachtet eine neue Perspektive aus seiner Wirklichkeit als Betrachter (vgl. Jensen 1999: S. 89).

Um sich dem Punkt des Verstehens anzunähern, basiert der moderne wissenschaftliche Konstruktivismus darauf, dass jede Aussage über die eigene Wirklichkeit zu begründen sei. Jensen führt weiter aus, dass wenn die Begründungen nicht schlüssig oder gar von Widersprüchen besetzt sind, diese nicht als annehmbar gelten (vgl. Jensen 1999: S. 91f).

Es bildet sich ab, dass auf der einen Seite die Erklärung, das Verstehen einer Wirklichkeit, demzufolge als Beispiel einer getätigten Aussage, nicht objektiv und realistisch sei und auf der anderen Seite ein in sich schlüssiges Konstrukt der eigenen Wirklichkeit abbildet. Diese haben folgerichtig ein Wahrheitsgehalt und zugleich eine Daseinsberechtigung. Dementsprechend gilt zu klären, inwiefern diese Perspektive wissenschaftlich vertretbar ist.

An dieser Stelle bildet der methodische Konstruktivismus, Operativismus einen entsprechenden Zugang. Dieser versteht sich als ein System von Bausteinen, die Schicht um Schicht zusammengesetzt sind. Zuerst geht es darum, welche Vorgehensweise oder Instrumentarien der Mensch benötigt, um seine Wirklichkeit repräsentieren zu können. Ist dies geklärt, geht es um die Anwendung. Dies kann sich äußern, indem der Mensch beispielsweise sein Verständnis von Wirklichkeit verbal artikuliert oder nonverbal durch Mimik sowie Gestik mitteilt. Dieser Prozess benötigt Zeit und Raum und gestaltet sich von Schicht zu Schicht weiter. Dies kann durch die erkenntniskritische Reflektion seines Handeln und vorangegangen Überlegungen gelingen. Ist der Mensch sich im Klaren, was und wie, Schritt für Schritt, in ihm selber vorgeht und was er somit nach außen transportiert, so ist er einer Deutung seiner Erkenntnisprozesse sehr nahe (vgl. Jensen 1999: S. 92f).

Dazu sagt der „Formaler Konstruktivismus[:] (...)Wenn Grundannahmen evident nicht sein können, dogmatisch aber nicht sein dürfen, ist die Forderung nach Begründung nicht erfüllbar." (Jensen 1999: S. 97)

Um im Beispiel des Erklärens, Verstehens und Umsetzens einer Handlung eines Menschen zu bleiben, bedeutet dieses Verständnis, dass für jede Person sein eigenes Denken und Handeln in sich kongruent ist, losgelöst von seiner Motivation.

Die Schwierigkeit der eigenen Konstruktion ist es, dass diese für einen anderen Menschen nur eine Idee bleibt, ob sie tatsächlich nachvollziehbar ist oder eindeutig zu verstehen ist, da dieser ebenfalls mit seiner Wirklichkeit, mit seiner Konstruktion des Seins[5] beschäftigt ist. Sprich sich in seiner Welt bewegt und zugleich die Aufgabe hat, die Welt des anderen zu verstehen oder zu deuten. Es bleibt ein vages sich Annähern beider Wirklichkeiten und immer mit dem Risiko behaftet, nicht die Perspektive des anderen in voller Blüte verstanden oder nachvollzogen zu haben.

So beschreibt Jensen sehr zutreffend:

> „... [D]er systemische Konstruktivismus [erklärt] nicht die (Wirklichkeit der) Außenwelt ..., sondern ausschließlich die Konfiguration von kognitiven Elementen des Beobachters[6] (die kulturelle Sinnarchitektur). Der Konstruktivismus verwendet ein zirkuläres Beobachtungsschema: die erste Operation erzeugt eine Repräsentation einer beobachteten Realität, die zweite knüpft an diesen Prozeß [sic!] an und beobachtet ein empirisch operierendes Kognitionssystem, das in sich kognitive Repräsentationen seiner Außenwelt erzeugt. Konstruktivistisch ist ´Außenwelt´ also nicht anders als eine intern erzeugte kognitive Repräsentation, der – wie früher bemerkt – nichts entsprechen muß [sic!]." (Jensen 1999: S. 338)

---

[5]   „Wir kennen kein Volk ohne Namen und ohne Sprache und auch keine Kultur, in der nicht irgendwie zwischen dem Selbst und dem Anderen, uns und ihnen unterschieden würde ... Selbst-Kenntnis ist immer eine Konstruktion, ganz gleich, wie sehr sie als Entdeckung erfahren wird, und sie ist niemals ganz ablösbar von dem Anspruch, anderen auf bestimmte Art und Weise bekannt zu sein." (Calhoun 1994: S. 9f zit. n. Castells 2017: S. 6)

[6]   „Im Konstruktivismus sind Beobachter nicht *Menschen*, die irgendwo stehen und irgend etwas [sic!] sehen, sondern *wissenschaftliche Beobachtungssysteme*, in denen *Operationen* (Beobachtungen, Experimente, Messungen) unter kontrollierten Bedingungen ablaufen. Die Beobachtungen, die ... für alle möglichen Operationen stehen, sind Operationen der Wissenschaft, nicht Aktionen in der Alltagswelt. *Operationen* sind Eingriffe in Systembildungen. Der Term >>Operation<< ersetzt eine Vielzahl von Begriffen (Erleben, Handeln, Wahrnehmen, Kommunizieren), die sonst mal ´dem Menschen´ mal ´dem System´ zugerechnet werden. Hier werden nur *zwei* Terme benötigt: der Begriff der *Aktion*, der auf der Ebene von individuellen Akteuren (´Menschen´) alle sonstigen Begriffe ersetzt, die auf ´innere Abläufe´ oder ´äußeres Verhalten´ referieren; und der Begriff *Operation*, der auf der Ebene sozialer Systembildungen alle sonstigen Terme ersetzt, mit denen systemische Veränderungen beschrieben werden." (Jensen 1999: S. 101f)

Es wird sehr deutlich, dass es variable, flexible und unterschiedliche Sichtweisen auf den Konstruktivismus gibt. Sie alle zehren von einer mehrdimensionalen und vielfältigen Betrachtungsweise. Miteinander verzahnt bedingen sie sich und schließen sich nicht aus. Es wirkt so, dass jedes Verständnis voneinander profitiert und an den unterschiedlichsten Punkten übereinkommt. Aufgrund dessen lässt sich feststellen, dass „... Konstruktivismus ... eine Theorie der Beobachtung [ist]." (Jensen 1999: S. 101)

In diesem Kapitel 2.1 wurde deutlich, dass die eigene Wirklichkeit eines Menschen immer mit eigenen, kritischen Reflektionsmechanismen zusammenhängt. Sie beruhen auf dem eigenen Wissen über sich als Menschen, also wie differenziert die eigenen Kenntnisse über dessen Persönlichkeitsanteile sind.

Demnach sind sie in der Regel für die Person selber schlüssig, nachvollziehbar und nach innen sowie nach außen erklärbar. Das hat zur Folge, dass die eigens erhoffte Wirkung, die der Mensch – mehr oder weniger bewusst – erzielen mag, entweder verständlich und nachvollziehbar für seine Umwelt ist oder nicht, da sich beispielsweise dieser Mensch durch eine dritte Person ebenfalls in seiner eigenen Konstruktion befindet. So kann es sein, dass sie sich auf einer Ebene begegnen und verständigen können oder nicht und diese Perspektive genauso gleichwertig und ihre Daseinsberechtigung hat, wie die des Gegenübers. So gilt schlussendlich, dass es neben dem Austarieren ein gemeinsames Konstruktionsverständnis gibt, ein sich Annähern beider Deutungs- und Interpretationsmuster, um ein gelingendes Miteinander zu erzielen.

Dieses Kapitel abschließend hat Weber ein Kernverständnis von Konstruktivismus geschaffen, worauf sich der konstruktivistische Blickwinkel der Thesis **Männliche Sozialarbeiter – Konstruktion von Identität und professioneller Haltung** bezieht.

Im Kern wird Konstruktivismus in der Systemtheorie[7] so verstanden (vgl. Weber 2018),

> „dass jeder Mensch seine höchst individuelle, subjektive Wirklichkeit vertritt. Aufgrund unserer Beziehungen und der persönlichen Geschichte mit all ihren Erlebnissen, Erfahrungen und Eindrücken, bilden sich Strukturen und Muster heraus, aufgrund derer wir urteilen und handeln. Demnach prägt uns eine individuelle Sichtweise, welche sich aus unseren Erfahrungen und deren Bewertungen speist. (…) Des Weiteren stellt die Systemtheorie einen ganzheitlichen Sinnzusammenhang her, worin sich auch das Körper-Seele-Geist-Konzept spiegelt und einbetten lässt. Jedes Thema bzw. jeder Konflikt steht demnach immer in einem größeren Zusammenhang. Nichts existiert alleine nur für sich – alles ist miteinander verbunden und bedingt und beeinflusst sich wechselseitig." (ebd.)

2.2 Männliche Sozialarbeiter

Laut Statistik der Bundesagentur für Arbeit haben sich in der Kinder- und Jugendarbeit, Sozialarbeit und Beratung die Anzahl von Erwerbstätigen und sozialversicherungspflichtigen Beschäftigten mit einem akademischen Abschluss[8] in der Bundesrepublik Deutschland von 2008 bis 2018 um 43,83 % erhöht (vgl. Statistik der Bundesagentur für Arbeit 2019: S. 97).

Folgende Abbildung 1 soll dies veranschaulichen:

---

[7] „Als Systemtheorie bezeichnet man die interdisziplinäre Wissenschaft, welche versucht[,] die Prinzipien und Grundlagen unterschiedlicher Systeme (soziale, biologische, mechanische) zu formulieren. Ihr Anwendungsbereich liegt heute in zahlreichen komplexen Gegenstandsbereichen[,] wie z.B. bei dem Versuch der Ordnung von Computernetzwerken, Familien, Maschinen, Organisationen oder biologischen Zellen. Die Systemtheorie ist bestrebt, gleiche Strukturen in diesen Gebilden aufzudecken. Die dazu nötigen Konzepte des Erkennens und Problemlösens fasst man oft unter dem Begriff des Symtemdenkens [sic!] zusammen. Ziel der allgemeinen Systemtheorie ist es, exaktere Vorhersagen über das Systemverhalten zu ermöglichen." (Landsiedel NLP Training 2019)

[8] „Sozialpädagogik, Sozialarbeit, Heilerziehungspflege und Sonderpädagogik"

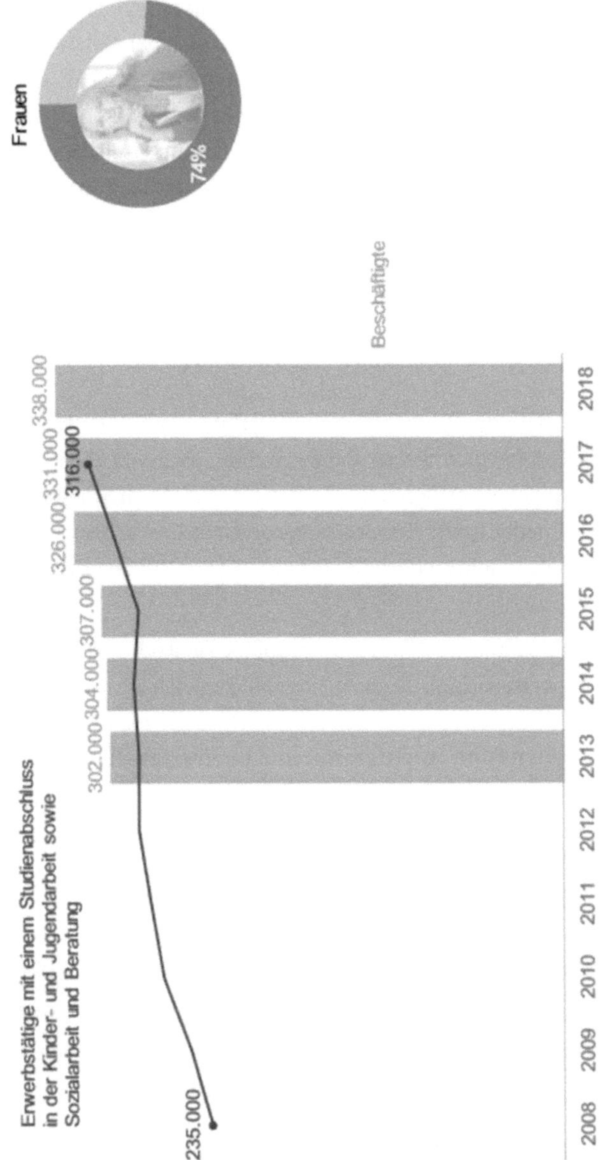

Abbildung 1: Sozialwesen. Erwerbstätige und sozialversicherungspflichtige Beschäftigte (Statistik der Bundesagentur für Arbeit 2019: S. 99)

Hervorzuheben ist der Frauenanteil, der bei 74 % liegt (vgl. Statistik der Bundesagentur für Arbeit 2019: S. 97). Das bedeutet, dass sich bei 338.000 Akademikern (siehe Abbildung 1) aus einem Teilbereich des Arbeitsfeldes der Sozialen Arbeit der Männeranteil auf 26 % beläuft. Nicht einmal ein Drittel der Berufsgruppen sind männlich. Des Weiteren ist davon auszugehen, dass von diesen 26 % ein prozentualer Teil ausgebildete Sozialarbeiter sind (siehe Erläuterung Fußnote [8]).

Ein weiterer Vergleichswert zeigt: „Um ein erweitertes sozialarbeiterisches Verständnis des Arbeitsfeldes 'Gesundheitswesen'[9] ... nachzubilden (...) ergibt [sich] eine Gesamtzahl von gut 56.000 beschäftigten Sozialarbeiterinnen und Sozialarbeiter sowie ... Sozialpädagoginnen und Sozialpädagogen ... ." (Adolph & Seibert 2016: S. 32)

Es bildet sich ab, dass die Berufsgruppe der Sozialarbeiter eine Minderheit, trotz steigenden Wachstums zu anderen Berufszweigen, darstellt. Zum Vergleich „9,2 Millionen Erwerbstätige verfügten 2017 über einen akademischen Abschluss. Damit hatte mehr als jeder fünfte Erwerbstätige an einer Universität, Fachhochschule oder einer Berufsakademie studiert (22 Prozent)." (Statistik der Bundesagentur für Arbeit 2019: S. 8)

Diese Bestandsaufnahme in der Bundesrepublik Deutschland ermöglicht einen breitgefächerten wissenschaftlichen Zugang und zugleich wird die Annäherung an ein wenig bis gar nicht wissenschaftlich untersuchtes Thema wie **Männliche Sozialarbeiter – Konstruktion von Identität und professioneller Haltung** dadurch erschwert.

2.2.1 Definition von Sozialarbeiter

Sozialarbeiter zu werden ist eine akademische Ausbildung. Dem Wunsch, diesen Berufszweig auszuwählen und zugleich auszuüben, liegen u.a. variable Motivationsfaktoren, wie z.B. die Unterstützung der Besserstellung von sozial schwächeren Mitmenschen in der Gesellschaft, und Beweggründe, wie z.B. Menschen in Not zu helfen, sie darin zu unterstützen, dass sie einen Ausweg aus ihren Problemen finden, zugrunde.

---

[9] „Krankenhäuser (ohne HS-Kliniken, Vorsorge-, Reha-Kliniken), Hochschulkliniken, Vorsorge- und Rehabilitationskliniken, Arztpraxen und Zahnarztpraxen, Praxen von psycholog. Psychotherapeuten, Praxen Massage, KG, Hebammen + verw. Beruf und Heilpraktikerpraxen, sonstige selbstständige Tätigkeiten im Gesundheitswesen, Pflegeheime, Stationäre Einrichtungen zur psychosozialen Betreuung, Suchtbekämpfung u.Ä., Ambulante soziale Dienste"

Es besteht keine eindeutige Definition darüber, was ein typischer Sozialarbeiter ist. Was macht einen Sozialarbeiter beispielsweise charakteristisch aus oder was ist in der heutigen Zeit sein klassisches Arbeitsfeld?

Vielmehr gibt es vom Deutschen Berufsverband für Soziale Arbeit e.V. eine verabschiedete internationale Definition aus Juli 2014 von IFSW[10], welche auf unterschiedlichen Verständnissen der Mitgliedsorganisationen aus 116 Staaten basiert und seit September 2016 eine aktuelle deutschsprachige Definition von Sozialer Arbeit abbildet (vgl. Deutscher Berufsverband für Soziale Arbeit e.V. 2016: S. 1):

> „Soziale Arbeit fördert als praxisorientierte[11] Profession und wissenschaftliche Disziplin gesellschaftliche Veränderungen, soziale Entwicklungen und den sozialen Zusammenhalt sowie die Stärkung der Autonomie und Selbstbestimmung[12] von Menschen. Die Prinzipien sozialer Gerechtigkeit, die Menschenrechte, die gemeinsame Verantwortung und die Achtung der Vielfalt[13] bilden die Grundlage der Sozialen Arbeit. Dabei stützt sie sich auf Theorien der Sozialen Arbeit[14], der Human- und Sozialwissenschaften und auf indigenes Wissen[15]. Soziale Arbeit befähigt und ermutigt

---

10 „Internationale Föderation der Sozialarbeiter"

11 „im deutschen Verständnis als handlungsorientierte Profession"

12 „der in der Global Definition genannte Begriff *liberation*, der in der deutschen Sprache als ´Befreiung´ übersetzt wird, wird in der deutschen Fassung im übertragenen Sinn als ´Selbstbestimmung von Menschen´ nach Einigung mit dem Fachbereichstag übersetzt. Es gelten auch die in Fußnote [15] aufgezeigten historischen Kontexte."

13 „Der Begriff der Vielfalt umfasst auch Heterogenität"

14 „Was auch empirisches Wissen beinhaltet"

15 „Das in der englischen Definition angeführte indigenous knowledge wird mit Verweis auf die vom IFSW verabschiedeten Kommentierung der Definition als international geltende Positionierung aus Gründen der Solidarität beibehalten: ´Mit der vorliegenden Definition wird bekräftigt, dass der Sozialen Arbeit nicht nur spezifische Praxiserfahrungen und westliche Theorien zugrunde liegen, sondern dass sie auch von indigenem Wissen beeinflusst wird. Ein Teil des Kolonialerbes ist, dass allein westliche Theorien und westliches Wissen als wertvoll eingestuft und indigenes Wissen abgewertet, abgetan und von westlichen Theorien und westlichem Wissen unterworfen wurde. Mit der vorliegenden Definition soll dieser Prozess gestoppt und umgekehrt werden, indem anerkannt wird, dass indigene Völker in jeder Region, in jedem Land und in jedem Gebiet ihre eigenen Werte, ihre eigene Art des Verständnisses und ihre eigene Art der Weitergabe ihres Wissens haben und einen unschätzbaren Beitrag zur Wissenschaft geleistet haben. Soziale Arbeit zielt auf eine Überwindung des historischen westlichen Kolonialismus und der westlichen Hegemonie im Bereich der Wissenschaft ab, indem man den indigenen Völkern auf der ganzen Welt zuhört und von ihnen lernt. Auf diese Weise werden die Kenntnisse im Bereich der Sozialen Arbeit von indigenen Völkern mit erarbeitet und beeinflusst und nicht nur im lokalen Umfeld, sondern auch auf internationaler Ebene adäquater angewandt.´ (Deutscher Berufsverband für Soziale Arbeit e.V. 2014: S. 3 zit. n. Deutscher Berufsverband für Soziale Arbeit e.V. 2016: S. 2)

Menschen so, dass sie die Herausforderungen des Lebens bewältigen und das Wohlergehen verbessern, dabei bindet sie Strukturen ein.[16] Diese Definition kann auf nationaler und/oder regionaler Ebene weiter ausgeführt werden." (Deutscher Berufsverband für Soziale Arbeit e.V. 2016: S. 2)

Es zeichnet sich ab, dass sich der Sozialarbeiter in einem handlungsorientierten Arbeitssetting befindet, gepaart mit Wissen und wissenschaftlichen Bezügen aus den unterschiedlichsten Disziplinen und Können. Durch fachliche, persönliche und

---

Darüber hinaus wird in Verstärkung und Erweiterung der englischsprachigen Definition auf Bezüge im deutschsprachigen Raum betont, **dass sich Soziale Arbeit auch auf reflektiertes Erfahrungswissen beruflich-biografischer Praxen und kulturelles Kontextwissen** stützt, wie es auch in der Kommentierung der englischsprachigen Definition ausgeführt wird: ´Ein solcher Ansatz kann eine konstruktive Auseinandersetzung und den Wandel erleichtern, wenn bestimmte kulturelle Überzeugungen, Werte und Traditionen die grundlegenden Menschenrechte verletzen. Da Kultur ein gesellschaftliches Konstrukt und dynamisch ist, unterliegt sie Dekonstruktion und Veränderungen. Eine solche konstruktive Auseinandersetzung, Dekonstruktion und Veränderung kann durch die Beschäftigung mit spezifischen kulturellen Werten, Überzeugungen und Traditionen und durch das Verstehen selbiger sowie durch einen kritischen und reflektierenden Dialog mit Angehörigen der jeweiligen Kulturgruppe über allgemeine Menschenrechtsfragen erleichtert werden.´"
(Deutscher Berufsverband für Soziale Arbeit e.V. 2014: S. 3 zit. n. Deutscher Berufsverband für Soziale Arbeit e.V. 2016: S. 2)

[16] „Ausdrücklich wird unter Verweis auf die Kommentierung die Legitimität und Begründung Sozialer Arbeit hervorgehoben, dass sie dort eingreift, wo Menschen mit ihrer Umwelt in Interaktion treten. ´**Soziale Arbeit legitimiert und begründet sich dadurch, dass sie dort eingreift, wo Menschen mit ihrer Umwelt in Interaktion treten.** Die Umwelt umfasst die verschiedenen sozialen Systeme, in denen die Menschen leben, sowie die natürliche, geographische Umwelt, die starken Einfluss auf das Leben der Menschen hat. Der im Rahmen der sozialen Arbeit vertretene partizipatorische Ansatz spiegelt sich darin wider, dass ´Menschen und Strukturen eingebunden [werden], um existenzielle Herausforderungen zu bewältigen und das Wohlergehen zu verbessern´. Bei der Sozialen Arbeit wird soweit wie möglich mit anstatt für Menschen gearbeitet. Entsprechend dem Paradigma der sozialen Entwicklung verfügen Sozialarbeiter über ein großes Spektrum an Fertigkeiten, Techniken, Strategien, Grundsätzen und Handlungsmöglichkeiten auf verschiedenen Ebenen des Systems, die auf den Erhalt des Systems und/oder auf Systemänderungen abzielen. Die praktische Soziale Arbeit umfasst eine ganze Reihe an Tätigkeitsfeldern, einschließlich verschiedener Formen der Therapie und Beratung, Gruppenarbeit und Gemeinwesenarbeit, Formulierung und Analyse von politischen Maßnahmen sowie Fürspracheaktivitäten und politische Interventionen. Aus emanzipatorischer Perspektive, die von dieser Definition unterstützt wird, zielen die Strategien der Sozialen Arbeit darauf ab, die Hoffnung, das Selbstwertgefühl und das kreative Potential der Menschen zu stärken, um repressiven Machtverhältnissen und strukturellen Quellen für Ungerechtigkeiten entgegenzutreten und diese zu bekämpfen und somit die Mikro-Makro-Dimension und die persönlich-politische Dimension der Intervention in einem kohärenten Ganzen zu vereinen. Der ganzheitliche Fokus der Sozialen Arbeit ist ein universeller Grundsatz, die Schwerpunkte der praktischen Sozialen Arbeit variieren jedoch von Land zu Land und von Zeit zu Zeit, je nach den historischen, kulturellen, politischen und sozioökonomischen Bedingungen.´" (Deutscher Berufsverband für Soziale Arbeit e.V. 2014: S. 4 zit. n. Deutscher Berufsverband für Soziale Arbeit e.V. 2016: S. 2)

soziale Kompetenzen sowie Fähigkeiten reflektiert der Sozialarbeiter u.a. seine Lebensgeschichte, sein Handeln, sein Denken, seine Umwelt sowie seine diversen Kontrakte zu den unterschiedlichsten Akteuren. Er ist ständig aufgefordert, sich aktiv mit sich und seiner Umwelt auseinanderzusetzen. Dieser Beruf ist überwiegend und in der Regel kognitiven, emotionalen und psychischen Arbeitsaufgaben zuzuordnen. Es erfordert z.B. ein hohes Maß an Empathiefähigkeit, d.h. mit den Konstruktionen seiner Klienten, Arbeitskollegen, Arbeitgeber usw. mitzuschwingen und zugleich eine eigene Position zu beziehen sowie Grenzen zu ziehen.

Ein Sozialarbeiter zu sein besteht aus einer hochkomplexen und diffusen Arbeitsteilung, die den ständigen sowie wechselseitigen Dialog sucht. Vielmehr benötigt sie diesen, um den oben genannten Prinzipien Soziale Gerechtigkeit, Menschenrechte, Gemeinsame Verantwortung und Achtung der Vielfalt gerecht zu werden. Es geht um einen verantwortungsvollen Beruf, welcher sich im Kern verpflichtet hat, seinen Mitmenschen nah und ihnen gegenüber professionell zu sein. Diese Maxime sind, wie oben zu entnehmen ist, mit Zielen verknüpft. Es geht primär um die Förderung des sozialen Wandels, der sozialen Entwicklung, des sozialen Zusammenhalts sowie der Stärkung und Befreiung der Menschen.

Um zu verdeutlichen, in welchen Arbeitsfeldern ein Sozialarbeiter tätig sein kann, soll die Abbildung 2 einen Überblick verschaffen:

Abbildung 2: Arbeitsfelder der Sozialen Arbeit (Holdenrieder 2017: S. 15)

Die Wirklichkeit der Arbeitsfelder (siehe Abbildung 2) und somit die entsprechenden Konstruktionen von Vorstellungen, Deutungen und Bedeutsamkeiten ist für einen männlichen Sozialarbeiter eben eine andere, besonders, wenn er beispielsweise in der Arbeit mit Frauen tätig ist. Jegliche Stereotypen wie hart, unemotional, überlegen oder dergleichen würden ihn innerhalb von kürzester Zeit an die Grenzen des machbaren bringen. Vielmehr würde er ineffizient sowie ohne männliche Identität als männlicher Sozialarbeiter in eben diesem Arbeitsfeld der Sozialen Arbeit sein. In Kapitel 3.3 Wirksamkeit in der Sozialen Arbeit wird näher darauf eingegangen.

Eine Zuschreibung und Definition eines Sozialarbeiters bleibt komplex. Es ist eine vielfältige Tätigkeit mit sehr vielen Chancen, nach den jeweiligen Stärken und Schwächen eines Sozialarbeiters ein passgenaues Arbeitsfeld zu finden. Die obige Abbildung 2 dient als Orientierung und zugleich wird die Tragfähigkeit eines so wichtigen Berufes deutlich. In Kapitel 3.1 Berufsverständnis Soziale Arbeit wird tiefer auf das Berufsverständnis Sozialer Arbeit eingegangen. Einer nicht zu unterschätzenden Wertigkeit dieser Profession bleibt die Freude an Sozialer Arbeit und der Spaß in der Tätigkeit dessen als ein wichtiger sowie zufriedenstellender Marker für diese Berufsbranche.

Ein Sozialarbeiter wird nicht monetär entsprechend seines Anforderungsprofils entlohnt und dies ist ein Posten, welcher bereits immer mehr öffentlichen Zuspruch gewonnen hat, sodass eine wirtschaftliche Wertsteigerung angemessen seiner auszuführenden Dienstleistung in Zukunft positiv sowie zugleich abwartend zu beobachten gilt. Auf der anderen Seite sind es die kleineren Freuden und Erfolge eines Sozialarbeiters, die ihn motivieren und stärken. Es sind Momente, in denen er sich selber in seinem Handeln wirksam erlebt oder z.B. durch ein direktes oder indirektes Feedback eines Menschen, den er begleitet, gefördert oder gefordert hat, einen an dessen Problemlage gemessenen, gemeinsamen Erfolg erzielen konnte.

In der folgenden Abbildung 3 wird auszugsweise dargestellt, wie ein möglicher Arbeitsalltag eines Sozialarbeiters aussehen kann. Ebenso ist eine Homepage abgebildet, die bis heute aktiv den Sozialen Beruf durch unterschiedliche Kampagnen und Maßnahmen aufwerten möchte.

Abbildung 3: Was Sozialarbeiterinnen täglich so stemmen (ver.di – Vereinte Dienstleistungsgewerkschaft 2015)

Ausschnitthaft sowie exemplarisch wird auf einzelne Tätigkeiten eines Sozialarbeiters im Kapitel 4.2 Bedeutung für den männlichen Sozialarbeiter in der Sozialen Arbeit eingegangen bzw. vielmehr die Bedeutsamkeit aller zusammenhängenden Inhalte aus den verschiedensten Kapiteln hergestellt.

In dem Kapitel 2.2.1 Definition von Sozialarbeiter wurde, ausschnitthaft, ein erstes Verständnis eines Sozialarbeiters mit den Schwerpunkten der Definition von Sozialer Arbeit, möglichen Arbeitsfeldern und Aufgabenfeldern im Arbeitsalltag dargestellt. Vielmehr ist dies als eine Grundlage für das weitere Verstehen von männlichen Sozialarbeitern einzuordnen. Auf das Thema Männlichkeit wird im nächsten Kapitel eingegangen.

2.2.2 Definition von Männlichkeit

Aufgrund einer Vielzahl von literarischen Definitionen muss der Begriff Männlichkeit[17] mehrdimensional verstanden und beschrieben werden. Besonders verstanden im Kontext zum männlichen Sozialarbeiter beschreibt Matzner: „Seit Ende des 19. Jahrhunderts wurde die berufliche Ausübung Sozialer Hilfe, zumal in Form von unmittelbarer menschlicher Zuwendung, als primär weibliche Tätigkeit verstanden, da nur Frauen ausreichend über Eigenschaften wie Emotionalität, Geborgenheit und Wärme verfügen würden." (Matzner 2007: S. 20) Werden diese fehlenden Zuschreibungen eines Mannes fortgeführt, ist kurzzeitig und auch langfristig von einem Disput als Sozialarbeiter auszugehen. Hollstein führt weitere Konstatierungen aus, indem er sagt:

„Auch einstmals positive Qualitäten von Mann-[S]ein werden mittlerweile gesellschaftlich umgedeutet. Männlicher Mut wird als männliche Aggressivität denunziert, aus Leistungsmotivation wird Karrierismus, aus Durchsetzungsvermögen männliche Herrschsucht, aus sinnvollem Widerspruch männliche Definitionsmacht und das, was einst als männliche Autonomie durchaus hoch gelobt war, wird nun als die männliche Unfähigkeit zur Nähe umgedeutet." (Hollstein 2007: S. 39)

Diese Betrachtungsweisen stellen exemplarische Deutungsvarianten dar, inwieweit sich das gesellschaftliche Bild von männlichen Attributen verändert haben könnte. Es bildet sich ab und bleibt zugleich fraglich, ob der Beruf des Sozialarbeiters feministisch veranlagt ist und männliche konturierte Eigenschaften (siehe Zitat Hollstein) keine geeigneten Eigenschaften für einen männlichen Sozialarbeiter seien. Dazu mehr im Kapitel 4.2 Bedeutung für den männlichen Sozialarbeiter in der Sozialen Arbeit.

---

[17] „... Männlichkeit [ist] eine über Jahrhunderte und Jahrtausende tradierte gesellschaftliche Festlegung von spezifischen Werten, Verhaltensweisen und Überzeugungen, die durch eine vielschichtige Dynamik von Institutionen wirkt: Familie, Schule, Ausbildung, Arbeit, Militär, Religion, Sport, Massenmedien und soziale Beziehungen. Der einzelne Mann ist zu einem sehr großen Anteil in diese gesellschaftliche Festlegung von Männlichkeit eingebunden. Jeder einzelne Junge und jeder einzelne Mann muss seine eigene Lebensweise von Männlichkeit finden, verändern und auch immer wieder neu interpretieren. Der individuelle Freiheitsgrad ist aber durch die Tradition eingeschränkt. Dabei ist zunächst einmal völlig unwichtig, ob die Begründung für diese Traditionen heute von gewissen Interpreten als falsch, unzeitgemäß oder nicht mehr modern bewertet wird. Entscheidend ist vielmehr, dass es diese Tradition gibt und dass sie über eine Vielzahl von gesellschaftlichen Zwängen und Interessen auch unsere Gegenwart bestimmt." (Hollstein 2012: S. 53)

In Anbetracht dessen, dass Gender sich immer mehr zu einem Mainstream-Thema entwickelt hat und die wissenschaftliche Literatur sowie die Diskussionen ein immer höher werdendes Ausmaß angenommen haben, darf eine entsprechende Definition bzw. Sichtweise nicht fehlen. Neben dem Begriff der Männlichkeit hat dieser ebenfalls das Wort Mann inne. Hierzu beschreibt Buschmeyer folgendes:

> „‚Sex' als biologische Dimension beruht demnach auf ‚natürlichen' Eigenschaften, wie körperlichen und biologischen bedingten Merkmalen, also zum Beispiel dem körperlichen Aussehen, den Genitalien, der Gebärfähigkeit, den Hormonen usw. und galt als unveränderbar. ‚Gender' dagegen bezeichnet die soziale Dimension von Geschlecht, also alles[,] was scheinbar aus ‚[S]ex' resultiert, etwa das Frauen aufgrund des Gebärens von Kindern ‚natürlich' fürsorglicher seien, und ihnen daher unterschiedliche Berufsgruppen als ‚passender' zugeschrieben werden. Gender galt und gilt als sozial konstruiert, ist von kulturellen Einflüssen abhängig und damit prinzipiell veränderbar (vgl. Becker-Schmidt 1993: S. 41f. zit. n. Buschmeyer 2013: S. 48). Diese Unterteilung in biologisches und soziales Geschlecht führte zunächst zu der Annahme, dass Menschen mit einem von zwei ‚[S]ex' geboren werden, nämlich als Junge oder Mädchen und im Zuge einer geschlechtsspezifischen Sozialisation ihr männliches oder weibliches ‚[G]ender' lernen." (Buschmeyer 2013: S. 48)

Daraus lässt sich ableiten, dass die soziale Zuordnung der Mann, der als Junge geboren ist, aufgrund seines wesentlichen biologischen Merkmales, des Penises, so zugeordnet wurde. Das sagt noch nichts darüber aus, was ein Mann ist bzw. vielmehr, was Männlichkeit ist. Nach den Erläuterungen von Buschmeyer sind weibliche oder männliche Züge bzw. Seiten eines Menschen, unabhängig von einem biologischen Geschlecht, lern- und veränderbar. Das würde bedeuten, dass einer biologischen Frau männliche Verhaltensweisen genauso wie einem biologischen Mann weibliche Handlungsweisen zugeschrieben werden können. So beschreibt Buschmeyer weiter „..., dass Männlichkeit etwas ist, das hergestellt werden kann, vielleicht sogar muss. Männlichkeit wird als Konstrukt verstanden, nicht als eine ‚natürliche' Tatsache, die man(n) ‚einfach so' hat." (Buschmeyer 2013: S. 11)

Des Weiteren bewertet Connell Männlichkeit und Weiblichkeit als relationale Konzepte, die sich aufeinander beziehen und im Verhältnis zueinander Bedeutung gewinnen. Im tieferen Sinne wird es als eine soziale Grenzziehung und als kultureller Gegensatz gesehen (vgl. Connell 2006: S. 63). Vielmehr ist ihre Grundannahme, dass das Geschlecht ein dynamischer Prozess ist und im Handeln hergestellt wird. Ebenso wird zwischen drei Ebenen unterschieden. Um die Struktur des sozialen

Geschlechts darstellen zu können, unterteilt sie diese in Macht[18], Produktion und emotionale Bindungsstruktur (vgl. Connell 2006: S. 94f.).

Als Grundlage dieser Thesis wird, trotz aller sexuellen Identifikationen und Geschlechter bezogenen Zuordnungen, wie z.B. Homosexualität und Transsexualität, unabhängig einer biologischen oder sozialen Herkunft, von einem Verständnis ausgegangen, dass das signifikanteste Merkmal eines Mannes der Penis ist. In Folge dessen werden keine spezifischen Eigenschaften, Zuschreibungen oder Identifikationsmerkmale festgelegt, was männlich ist. Ein Mann kann genauso seine Männlichkeit in Form von emotionaler Nähe oder Wärme ausleben, ungeachtet dessen, ob er als mutig oder aggressiv gilt. Dasselbe besteht für eine Frau. So wird die Vielfalt eines Mannes oder einer Frau als ein lebendiger Parameter mit der Auseinandersetzung seiner eigenen Identität verstanden. Darauf wird stärker in Kapitel 4 Männliche Identität als Sozialarbeiter in der Sozialen Arbeit eingegangen.

Das Kapitel 2 Konstruktion bildet folglich ein formuliertes Verständnis von Konstruktivismus, Männlichkeit und Sozialarbeiter ab, sodass sich im darauffolgenden Kapitel 3 Soziale Arbeit der Thesis-Fragestellung **Welche Auseinandersetzungen mit der eigenen Persönlichkeit sind fundamental für einen Mann als Sozialarbeiter für sein sozialarbeiterisches Handeln?** angenähert werden kann.

Vorab, um die Fragestellung entsprechend der Arbeit nachvollziehen zu können, wird unter Persönlichkeit folgendes verstanden: „Der Begriff Persönlichkeit bezeichnet die Gesamtheit der individuellen Ausprägungen eines Menschen. Dazu gehören körperliche Erscheinung, die Art und Weise wie er sich verhält, seine Denkmuster, seine Einstellungen und Überzeugungen, seine Werte und seine Emotionen." (Intarix Consulting GmbH 2019)

Darüber hinaus ist sozialarbeiterisches Handeln ein wesentlicher Bestandteil der Fragestellung. Einen ersten Eindruck, was das bedeuten könnte, konnte man in 2.2.1 Definition von Sozialarbeiter bekommen. Konzentriert auf das Wort Handeln und die Frage, was das konkret bedeutet, wird folgende Definition ausgelegt: „Handeln: Eine Person handelt, wenn sie bewusst, willentliche und zielgerichtete

---

[18] „An dieser Stelle rege ich ... an, über das Wort Macht nachzudenken. Es stammt ... von dem Wort ́mögen ́ ab, was ursprünglich ́können ́, ́vermögen ́ bedeutete. Macht kann also zum Guten oder zum Bösen genutzt werden. Es ist einseitig, das Wort Macht ohne weiteres mit Gewalt und Grausamkeit zu assoziieren. Die eigentliche Macht ist nicht immer auf Grausamkeit angewiesen. Grausamkeit verbindet sich leicht mit Machtlosigkeit im Sinne von Unvermögen. Sie vermag nichts hervorzubringen, nichts herzustellen. Wohl ist sie oft Voraussetzung schöpferischer Tätigkeit." (Gottschalch 1997: S. 173)

Tätigkeiten vollzieht. Diese Tätigkeiten greifen gestaltend in die Wirklichkeit ein. Man ist für sein Handeln selbst verantwortlich. Das Denken ist kein direktes Handeln." (Wetzlmaier 2019 zit. n. Stangl 2019d)

So finden sich die Begrifflichkeiten von Konstruktion und Wirklichkeit wieder, sodass deutlich wird, dass ein männlicher Sozialarbeiter für seine Wirklichkeit als Mann in der Sozialen Arbeit eigenverantwortlich ist und zugleich die Verantwortung für seine Außenwelt trägt, wie, wodurch und womit er sich eben dieser (dar)stellt.

3 Soziale Arbeit

3.1 Berufsverständnis Soziale Arbeit

Anknüpfend an das Kapitel 2.2.1 Definition von Sozialarbeiter wird das Berufsverständnis von Sozialer Arbeit vertieft. Wofür ist überhaupt ein Berufsverständnis
sinnvoll? Die Soziale Arbeit ist, wie bereits beschrieben, ein hochkomplexes und
sehr zu differenzierendes Berufsbild. Ein Berufsverständnis kann Orientierung geben. Vielmehr bezieht es Stellung und Haltung, für einen Sozialarbeiter selber genauso für beispielsweise die Außenwelt, wie die Gesellschaft. Es sind klare Zusagen
und Missionen wie auch Visionen. Es sind Leitlinien, die einen Nutzen haben und
das Konstrukt Soziale Arbeit greifbarer und verständlicher machen. So beschreibt
Kappeler elementare Gegebenheiten der Sozialen Arbeit:

> „Ein historisch konstantes Merkmal der Sozialen Arbeit ist ihre strukturelle Hetero-
> genität, die sich >>nur<< in ihren jeweiligen epochalen Erscheinungsformen ändert.
> Wichtige Faktoren der Heterogenität sind Interessenunterschiede/Divergenzen zwi-
> schen[:] Staat (Ordnungs-, Macht-, Bevölkerungs- und Befriedigungspolitik)[;] Gesell-
> schaft (normative Erwartungen)[;] Organisationsformen der Sozialen Arbeit (Öffent-
> liche Träger, Freie Träger, Initiativen und Projekte)[;] BürgerInnen/Klientel (auf die
> Leistungen Sozialer Arbeit Angewiesene und gegen ihren Willen von >>Maßnah-
> men<< Betroffene) [und] Professionellen diverser >>Helfender Berufe<<.“ (Kappeler
> 2011: S. 14)

Was bedeutet das für die Soziale Arbeit? Es wird deutlich, dass ein Sozialarbeiter
im ständigen Dialog und zugleich Diskurs mit den oben aufgezeigten Akteuren
steht. Das zeichnet die Arbeit aus und zeigt zugleich, angelehnt an die Definition
von Konstruktion in Kapitel 2 Konstruktion, welch ein Spannungsfeld dieses Jong-
lieren mit und zwischen den Akteuren bedeutet. Jeder betrachtet und definiert aus
seiner Wirklichkeit heraus seine Absichten. Werden die fünf Gruppen Staat, Gesellschaft, Organisationen, Menschen und andere Professionelle genommen, wird
schnell deutlich, dass es eine unmögliche Aufgabenstellung ohne ein Berufsverständnis wäre.

Der Sozialarbeiter würde sich in einem Meer von Informationen, Erwartungshaltungen, Zielsetzungen usw. befinden und sollte zugleich eine eigene Position beziehen. Vielmehr handelt er, in der Regel, im Auftrag von beispielsweise einer Institution und soll diese in dessen Namen vertreten. Zugleich ist fortan ein ständiges
Merkmal Sozialer Arbeit zu vermitteln. Vielmehr ist es wichtig, einen gemeinsamen
Konsens zu finden. Dies bedeutet Kompromissbereitschaft und ein sich Einlassen

auf die Konstruktion des jeweiligen anderen, immer mit der Prämisse, ein sozialverträgliches Ergebnis im Interesse aller Menschen herbeizuführen. Dies ist durchaus eine Aufgabenstellung, die sehr visionär formuliert ist.

Umso wichtiger gilt hier die Orientierung, dass der Weg das Ziel ist und weniger das Ziel der Weg ist. Das bedeutet, Diskussionen zu führen, zu verhandeln, Bereitschaft zu zeigen, die Ziele, die Interessen etc. der anderen miteinzubeziehen. Besonders in einem so komplexen und mehrdimensionalen Setting als Sozialarbeiter ist es wichtig, eigene Position zu beziehen und genauso Grenzen aufzuzeigen. Grenzen der Machbarkeit und der Umsetzung. Es braucht eine Verständigung über das Mögliche und Messbare.

Da ist bereits die Definition vom Deutschen Berufsverband für Soziale Arbeit e.V. aus dem Kapitel 2.2.1 Definition von Sozialarbeiter sehr hilfreich. Fortführend für ein übersichtlicheres Berufsverständnis wurden die wichtigsten Prinzipien mit ihrer jeweiligen Bedeutung und den entsprechenden Handlungsoptionen ebenfalls vom Deutschen Berufsverband für Soziale Arbeit e.V. für die Soziale Arbeit entwickelt. Folgende Abbildung 4 soll dies veranschaulichen:

Abbildung 4: Oberste Prinzipien der Sozialen Arbeit. (Deutscher Berufs-verband für Soziale Arbeit e.V. 2014: S. 27)

So ergibt sich die Frage, wie ein Sozialarbeiter, vielmehr ein männlicher Sozialarbeiter diese „[o]berste[n] Prinzipen der Sozialen Arbeit" (vgl. ebd.) praktisch umsetzen bzw. einhalten kann? Es beginnt bei dem männlichen Sozialarbeiter selber. Welches Verständnis hat er in seiner Wirklichkeit zu den oben genannten Begrifflichkeiten in der Abbildung 4?

Vielmehr braucht er eine kritische und reflektierte Auseinandersetzung. Spätestens an dem Punkt, an dem der Sozialarbeiter beispielsweise aktiv in die Gespräche mit anderen Akteuren, wie oben im Zitat Kappeler beschrieben wurde, geht, gilt es genau hier ein erstes gemeinsames Verständnis zu erarbeiten. Es muss, mehr oder weniger, eine Grundlage für die Arbeit geschaffen werden.

Was nützt es einem männlichen Sozialarbeiter, wenn er in seiner Konstruktion eine formulierte Haltung durch nonverbale wie verbale Sprache vertritt, aber die Akteure z.B. menschenverachtende Haltungen kommunizieren? Das folgende Beispiel soll dies deutlich machen. Ein männlicher Sozialarbeiter ist in einem Arbeitssetting mit alkoholabhängigen Jugendlichen, die auf der Straße leben und delinquent sind. Sein pädagogischer Auftrag ist es, die jungen Menschen zu begleiten und idealerweise zu stabilisieren, sodass sie keinen Alkohol trinken, in einer Wohnung leben, ihrer möglichen Schulpflicht nachkommen und entsprechend nicht mehr delinquent sein müssen. Zugleich hat ein Akteur, hier vertreten durch die Stadt, welche den Staat oder die Gesellschaft im übertragenen Sinne vertritt, die Erwartungshaltung, dass sich die Jugendlichen unverzüglich nicht mehr auf der Straße aufhalten sollen. Diese Erwartungshaltung ist gepaart mit der Idee, dass wenn die Jugendlichen aus dem Sichtfeld verschwinden, sich die oben beschriebenen Problematiken auch auflösen. Hier sind der Umgang und die Haltungen des männlichen Sozialarbeiters gefragt, wie er mit dieser Haltung der Stadt umgeht und zugleich messbare, realistische und menschenwürdige Vereinbarungen für alle Akteure finden kann.

Das bedeutet im Kern, einen praxisorientierten Bezug herzustellen und über die Wirkung und Wirksamkeit, wie im Kapitel 2 Konstruktion beschrieben, zu sprechen. Vielmehr muss in einen Austausch, ein Miteinander, ein Streiten und Aushandeln eben dieser gegangen werden. Diese Wege oder vielmehr Prozesse benötigen Ausdauer, Geduld, Einfühlung und Empathie zu sich selber und zu der Außenwelt. Gepaart mit einer Brise von Hartnäckigkeit, der Bereitschaft, kritische Positionen zu vertreten und am Ende des Weges für diese Prinzipien einzustehen.

So komplementieren sich die Definitionen aus beiden Kapiteln und bekommen immer mehr Bedeutung sowie Relevanz in der Arbeit als Sozialarbeiter. Der Autor

Heckmann beschreibt, dass es um die soziale Ordnung geht. Es geht darum, dass in diesem Rahmen Maßstäbe für die Gesellschaft gesetzt werden und zugleich das Handeln eines Sozialarbeiters eine Orientierung abbildet. Er spricht von einem Kompass (vgl. Heckmann 2016: S. 16).

In der Metapher eines Kompasses lässt sich gut das Berufsverständnis der Sozialen Arbeit beschreiben. Es ist eine klare Ausrichtung, Himmelsrichtung für das Handeln definiert und die ständige, situativ wechselnde Aufgabenstellung ist es, als männlicher Sozialarbeiter immer aktuell zu entscheiden, für welche Himmelsrichtung man sich entscheidet, nach Abwägung aller Konstruktionsabbildungen seiner und deren anderer.

Was ist letztendlich das oberste Gebot, um all diesen Prinzipien, Leitsätzen und Vorstellungen zu folgen? Des Weiteren stellt sich die Frage, was das Besondere daran ist, dass es zu einem Beruf wurde und nicht zu einer Ideologie, die jedermann kann? Dazu schreibt Frommann:

> „>>Wir<< haben die Menschlichkeit also wahrhaftig nicht gepachtet, aber für die Berufe Sozialarbeit und Sozialpädagogik ist sie grundlegend, unverzichtbar, aber kein Besitz. (...) Immer geht es um das Erkennen und Benennen von Unrecht, das Suchen nach Koalitionen und das Üben im Tun des Richtigeren, um Apelle und Interventionen, um Geduld und Veränderung. Es gibt so viel zu tun. Das Gebot der vernünftigen Nächstenliebe ist privat und universal zugleich. Dass sie zum Beruf wurde, war kein Fehler. Aber der Beruf genügt nicht." (Frommann 2011: S. 79)

Es geht um „Menschlichkeit" (ebd.) und „Nächstenliebe" (ebd.), welche als Grundstock der Sozialen Arbeit gelten. So kann bei einem Beruf des Sozialarbeiters von einer Berufung gesprochen werden. Es sind tief verankerte und manifestierte Überzeugungen und Glaubenssätze, die einen deutlichen Unterschied zwischen einem Menschen und einem männlichen Sozialarbeiter machen. Eben dieser Beruf erfordert bzw. erwartet eine kritische Auseinandersetzung mit diesen Werten und Normen und eine Positionierung, die abgeleitet ist vom Berufsverständnis der Sozialen Arbeit. Sie äußert sich in einer Berufshaltung, die all diese Aspekte, wie in diesem Kapitel beschrieben, einbezieht und nach innen zu sich als Mann sowie nach außen als männlicher Sozialarbeiter eine standhafte Stellung bezieht.

Um sich dieser Standhaftigkeit eines männlichen Sozialarbeiters in der Sozialen Arbeit weiter zu nähern, wird auf folgendes Zitat hingewiesen:

> „Männer, die sich für solche Berufsfelder interessieren, müssen sich unter Umstän-
> den mit ihrer Angst vor der damit vermeintlich verbundenen ‚Feminisierung' ausei-
> nandersetzen, d.h. mit einer Abwertung ihrer [...] ‚Identität als Mann' konfrontiert zu
> sein. Frauenberufe [wie z.B. Sozialpädagogen] wären demnach ‚feminisierte' und ‚fe-
> minisierende' Berufe, weil es prekäre Berufe sind'." (Bildungsnetz Berlin 2006: S. 72
> zit. n. Böhnisch 2015: S. 139)

Umgangssprachlich ist ein Sozialpädagoge gleichzustellen mit einem Sozialarbeiter. Hier wurde ein erster Hinweis auf die Entwicklung einer Identität als Mann in
der Sozialen Arbeit betont. Darauf wird tiefergehend in Kapitel 4 Männliche Identität als Sozialarbeiter in der Sozialen Arbeit eingegangen. Um weiter die Fragestellung der Thesis **Welche Auseinandersetzungen mit der eigenen Persönlichkeit
sind fundamental für einen Mann als Sozialarbeiter für sein sozialarbeiterisches Handeln?** bearbeiten zu können, wird im folgenden Kapitel ein Verständnis
von Professioneller Haltung geschaffen. Der Fokus liegt hier auf der Frage, was Professionelle Haltung überhaupt ist und wofür sie gut ist.

3.2 Professionelle Haltung in der Sozialen Arbeit

Professionelle Haltung ist ein gern und häufig verwendeter Begriff in der Sozialen
Arbeit. Dieser lässt sich nicht eindeutig definieren, vielmehr beschreibt dazu
Boecker, dass auf der einen Seite, ungeachtet aller, in sich schlüssige Konstruktionen sowie wirkungsvolle Darlegungen für die Soziale Arbeit erfolgsversprechend
sind (vgl. Boecker 2015: S. 224) und zugleich alle professionellen Hilfeleistenden
„... der Relativität mikropolitischer[19] Aushandlungssysteme unterliegen." (ebd.) So
gilt vielmehr folgender Frage nachzugehen: „Wer bin ich und wenn ja, wie viele?'[20]"
(Precht 2007 zit. n. Boecker 2015: S. 224)

Diese Fragestellung lehnt an das vorherige Kapitel an, indem es um situative sowie
reflektierende Entscheidungen bzw. Positionierungen als männlicher Sozialarbeiter ging. Es lässt sich daraus ableiten, dass die Tätigkeit facettenreich ist und es

---

[19] „Mikropolitik[.] ... Sammlung alltäglicher Strategien und Vorgehensweisen, die Führungs-
kräfte und Mitarbeiter in Organisationen einsetzen, um die eigene Macht aufrecht zu erhalten, den eigenen Kontrollspielraum zu erweitern oder sich der Kontrolle durch andere zu
entziehen." (Maier 2018)

[20] „Die Frage ist dem Buchtitel von Richard David Precht (2007) entlehnt, in dem sich der Autor
mit den großen philosophischen Fragen des Lebens beschäftigt: Was ist die Wahrheit? Wo-
her weiß ich, wer ich bin?"

notwendig ist, die unterschiedlichen Gesichter zu haben, um eine professionelle Haltung entwickeln zu können.

In der Sozialen Arbeit wird vom Trippelmandat gesprochen. Hier geht es darum, jemandem oder etwas gerecht zu werden. Bezogen auf den Kontext geht es um den Diskurs Soziale Arbeit zwischen Staat, Klient und Fachlichkeit. Ausschnitthaft wurde im vorherigen Kapitel dieser Spagat für einen Sozialarbeiter angeschnitten. Wird das Wort professionell in Bezug zum Trippelmandat nähergehend beleuchtet, formuliert Hafen folgendes:

> „Diese 'Eigenmandatierung' ist eng verbunden mit Reflexion der eigenen Arbeit. Wenn es ein Merkmal 'professioneller' Arbeit gibt, dann besteht dieses in der Etablierung eines hohen Reflexionsniveaus. In Hinblick auf das Tripelmandat formuliert bedeutet dies, dass die Sozialarbeitenden nicht nur die Differenz von Hilfe und Kontrolle reflektieren, sondern diese Differenz auch in Bezug zum zur Verfügung stehenden wissenschaftliche Wissen und zu den geltenden professionsethischen Werten setzen können." (Hafen 2008: S. 458)

Hier laufen die Schnittmengen aus den vorherigen Kapiteln zusammen, indem das Wort Professionell in das Berufsverständnis eingebettet ist. Zugleich formuliert es eine Herausforderung für den männlichen Sozialarbeiter. Nach Böhnisch wird Professionalität aus männlicher oder weiblicher Perspektive unterschiedlich bewertet. Solange eine Unterteilung dessen stattfindet, wird der Begriff aus der jeweiligen Geschlechterkonstruktion auf- oder abgewertet (vgl. Böhnisch 2015: S. 138).

Das kann zur Folge haben, dass dieselben Tätigkeitsfelder und Ausübungen in der Sozialen Arbeit aufgrund der biologischen Perspektive eines Mannes oder einer Frau zu Dispositionen führen, obwohl es sich um die selbige Professionalität handelt.

Angelehnt an das Zitat von Frommann aus Kapitel 3.1 Berufsverständnis Soziale Arbeit bezieht Mührel eine selbige Haltung, die sich aus Menschlichkeit und Nächstenliebe eines Sozialarbeiters ableiten lässt. Er führt weiter ein Verständnis von Haltung aus, indem er sagt:

> „... [E]ine *natürliche* Haltung ... [k]önnte [bedeuten][:] sich *natürlich* ... unvoreingenommen, vorurteilsfrei ... [auf] eine durchschnittliche Norm von Intelligenzquotient und emotionaler *Intelligenz* ... [zu] beziehen[.] (...) [Des Weiteren verwenden wir] [i]m alltäglichen Sprachgebrauch ... den Begriff Haltung in Beziehung zu unseren emotionalen Affekten. Sie oder er hat *Haltung bewahrt!*

> Dies sprechen wir einer Person zu, die sich *nicht hat gehen lassen* aufgrund einer Tatsache, die in ihr starke Gefühle ausgelöst hat, z.B. durch eine Beleidigung die Zorn und Wut in ihr provozierte." (Mührel 2015: S. 45f)

Das Zitat besagt zugleich, um den Transfer zum männlichen Sozialarbeiter und seiner professionellen Haltung herzustellen, dass er gelassen und gut zu sich sowie seiner Gefühlswelt stehen sollte. Wie kann es einem Mann gelingen, souverän und achtungsvoll eben solch eine professionelle Haltung einzunehmen? Hier kommt ebenfalls wieder das Verstehen von solch einer Konstruktion zu tragen. Denn Mührel sagt dazu: „... Achten und Verstehen stehen als Paradigmen nicht für zwei verschiedene Haltungen, von denen wir die eine mal dann und die andere zu einer anderen Zeit einnehmen können." (Mührel 2015: S. 155)

Es geht vielmehr darum, z.B. eine Achtung vor sich selber als Mann zu haben. Gelingt das, so kann der männliche Sozialarbeiter seine professionelle Haltung achten. Ist er so reflektiert und nah an sich dran, so kann er ebenfalls professionelle Haltung verstehen und vielmehr leben. Ein möglicher Zugang, so emotional stark und zugewandt zu sich als Mann in der Sozialen Arbeit zu sein, können verschiedene Formen von Humor sein. „Selbst Humor und Selbstironie ... [eröffnen eine] Selbsthinterfragung ... ." (Mührel 2015: S. 155) Dies bildet, neben dem Verständnis von professioneller Haltung und was diese eben ist, den Kern, indem man sich mit sich selber kritisch oder durch humorvolle Konstruktionen (an)gelernter Reflektionsmechanismen, in Bezug auf sich und seiner männlichen Wirklichkeit, im Kontext der Sozialen Arbeit auseinandersetzt.

Es wird deutlich, dass Reflektion auf diversen Ebenen stattfindet und mehr als eine wichtige Fähigkeit für einen männlichen Sozialarbeiter ist. Weiter ausgeführt bleibt fraglich, wann Reflektionspunkte notwendig sind oder vielmehr, wozu diese gut sind?

> „Reflexion ist meist an soziale Prozesse gebunden, denn diese Prozesse beinhalten eine Auseinandersetzung des Individuums mit seiner (sozialen) Umwelt. Reflexion wird da aktiviert, wo es zum Beispiel Probleme zu bewältigen gilt, die mit Gewohnheiten oder Verhaltensroutinen nicht überwunden werden können." (Oldemeyer 1979: S. 750 & vgl. auch Bickes 1997: S. 167 zit. n. Schwer, Solzbacher & Behrensen 2014: S. 55)

Hier schließt sich erneut der Kreis von Konstruktion und Berufsverständnis eines männlichen Sozialarbeiters in der Sozialen Arbeit. Es bleibt ein ständiger Diskurs sowie lebendiger Paradigmenwechsel mit sich selber als Mann, mit seinem

Rollenverständnis als Sozialarbeiter und mit den äußeren Einflüssen sowie Faktoren, mit denen er ständig und wechselseitig auseinandergesetzt ist, um nicht nur professionell ein Standing zu entwickeln, sondern viel mehr, um Haltung zu beziehen und zu bewahren. Dies alles ist eingebettet in ein Dialogisches Prinzip voller Achtsamkeit und Selbstfürsorge. Es bleibt zu klären, woran messbar und erkennbar ist, dass ein Mensch eine individuelle Haltung entwickelt sowie bezogen hat?

Verschiedene Autoren sind sich einig, dass zum einen die Standfestigkeit sowie die Kohärenz eigens getroffener Entscheidungen elementar sind. Das bedeutet, dass alle notwendigen Entscheidungspfeiler neben den eigenen sowie eingeschlossenen Konstruktionen von Wirklichkeit ihren Platz in der Entscheidungsfindung gefunden haben, sodass der Mensch seine Verarbeitungsmechanismen bewusst integrieren und trotzdem standhaft seine persönliche Note repräsentieren kann. Ein weiterer Marker ist, dass die Person gut im Einklang mit ihrer Gefühls- und Körperwelt ist und sie dafür ein Gespür entwickelt hat, kongruent mit ihrer Standfestigkeit und plausiblen Stimmigkeit zu sein. Dies wird durch ihr Denken und Handeln sichtbar und, indem sie diese besonderen Fähigkeiten ebenfalls auf ihre Mitmenschen adaptieren kann und diese berücksichtigen. Als dritter und letzter Punkt ist festzuhalten, dass eine Haltung erkenn- sowie messbar ist, dass ein Mensch wachsam durch Aufmerksamkeit ist. Hier geht es um bewusste und unbewusste Prozesse, die inhärent ablaufen, und die reflektierte Kompetenz, sich und seine Umwelt mit Sinn und Verstand zu beobachten sowie zu begegnen (vgl. Kuhl 2011 & Storch, Kuhl 2011 zit. n. Kuhl, Schwer & Solzbacher 2014: S. 108f).

Es wird neben all den inneren sowie äußeren Abläufen und Verständigungen darüber, was eine professionelle Haltung ist, deutlich, dass dieses Kapitel mitunter einen wesentlichen Baustein für einen männlichen Sozialarbeiter abbildet.

Aufgrund dessen ist wichtig, dass dies einen wesentlichen Marker zum Berufsbild abbildet und weit über das Maß hinaus kein inflationärer Begriff ist. „Die pädagogische Professionalisierung beschreibt eine Art der beruflichen Kompetenz, die nicht nur über eine Fülle spezialisierter Kenntnisse, Fähigkeiten und Fertigkeiten verfügt, sondern darüber hinaus eine spezielle Haltung ausdrückt, die durch Sachlichkeit und Engagement gekennzeichnet ist." (Arnold 2018: S. 188) Aufgrund dessen handeln Sozialarbeiter lösungsorientiert und „... fragen vielmehr nach den erwiesenen Möglichkeiten erfolgreichen Handelns." (ebd.)

Es bildet sich ab, dass eine professionelle Haltung mehr als ein Handwerkszeug ist. Dieser wichtige Aspekt zielt bedingungslos auf eine interaktive Auseinandersetzung aus. Diese umschließt, wie in den vorangegangenen Kapiteln beschrieben, das aktive Sein von Konstruktion und dem Berufsverständnis als männlicher Sozialarbeiter in der Sozialen Arbeit. Unterschiedlichste Fähig- und Fertigkeiten, beispielsweise Menschlichkeit, Achtsamkeit, fürsorglich und sorgsam im Kontakt mit sich sowie anderen usw., wurden aufgearbeitet, die sinnvoll sowie hilfreich für sozialarbeiterisches Handeln sind. Dazu und was unter Wirksamkeit in der Sozialen Arbeit verstanden wird, wird im folgenden Kapitel 3.3 Wirksamkeit in der Sozialen Arbeit eingegangen.

3.3 Wirksamkeit in der Sozialen Arbeit

In den vorangegangen Kapiteln wurde ein Verständnis geschaffen, inwiefern die Untersuchungsfrage dieser Bachelorthesis zu verstehen ist. Um schlussendlich der Fragestellung Welche Auseinandersetzungen mit der eigenen Persönlichkeit sind fundamental für einen Mann als Sozialarbeiter für sein sozialarbeiterisches Handeln? gerecht zu werden, braucht es ebenso ein Verständnis von Wirksamkeit. In Folge dessen muss sich damit beschäftigt werden, inwieweit sich Männlichkeit, Sozialarbeiter, die Soziale Arbeit und deren jeweiligen Konstruktionen miteinander vereinbaren lassen, wenn sie nicht wirksam, in sich oder nach außen, sind.

Dieser Begriff ist ebenfalls ein gern genommener in der Sozialen Arbeit, da sich die tägliche Arbeit eines Sozialarbeiters manchmal mehr oder weniger messen lässt bzw. gemessen werden soll. In der Betriebswirtschaftslehre verzahnt mit der Sozialen Arbeit werden immer mehr Methoden (z.B. die Balanced Scorecard) eingesetzt, bei der es um Kennzahlen und deren Messungen geht. Diese sollen messbar, überprüfbar und veränderbar sein.

Sind solche Methoden oder Konzepte ein gelungenes Vorgehen, um die eigene Wirksamkeit als männlicher Sozialarbeiter in seinem Handeln zu erleben? Angermeier definiert Wirksamkeit wie folgt:

> „Gemäß Duden sind Wirksamkeit und Effizienz synonym. Auch von der Ethymologie[21] her gesehen lässt sich zwischen den Begriffen Effizienz, Wirksamkeit und Effektivität kein Unterschied ausmachen. (…) Die [DIN EN] ISO 9000:2000[22] verwendet den Begriff Wirksamkeit für den Vergleich von Realität und Plan, während Effizienz Ergebnis und Aufwand miteinander vergleicht. Wirksamkeit ist dementsprechend nur allgemein definiert als das ´Ausmaß, in dem geplante Tätigkeiten verwirklicht und geplante Ergebnisse erreicht werden´. Sie ist also nicht in jedem Fall objektiv messbar." (Angermeier 2004)

Somit kann sich ein männlicher Sozialarbeiter an seiner eigenen Zielsetzung und den Zielausrichtungen und Prinzipen, wie im Kapitel 2.2.1 Definition von Sozialarbeiter und Kapitel 3.1 Berufsverständnis Soziale Arbeit aufgezeigt, selber messen und messen lassen. Wirksamkeit ist eine Überprüfung seiner eigenen Wirklichkeit und den geschaffenen Konstruktionen. Inwieweit sein Handeln in diesen Bezügen effektiv ist, bleibt eine Entscheidung derer, die es bewerten. Wirksamkeit ist eine Einstufung und Zuordnung einer geschaffenen Realität, welche veränderbar ist. Thompson legt diese Betrachtungsweise weiter aus, indem er von einer Steuerbarkeit von wirksamen Ergebnissen spricht (vgl. Thompson 2017: S. 52).

Es zeichnet sich ab, dass ein wirkungsvolles Handeln eines männlichen Sozialarbeiters von ihm selber oder durch dritte gelenkt und reguliert werden kann. Jeder, der dieses Handeln wirkungsvoll beeinflusst, trägt zugleich die Verantwortung mit oder alleine, ob es ein effektives Ergebnis abbildet oder eben nicht. Um nachhaltig und zugleich wirksam sein zu können, stellt sich die Frage, wie Wirksamkeit messbar ist?

Dazu beschreibt Göppner ungeachtet der methodischen Vorgehensweise, dass es sich lohnt, die notwendigen Elemente, die eben für den Wirksamkeitsprozess hilfreich waren, als eigenständigen Wirkfaktor zu betrachten. Dieser würde, ungeachtet von Erfolg versprechender Wirksamkeit, Rückschlüsse auf die tatsächliche effiziente Wirkung bringen (vgl. Göppner 2017: S. 326). Wirksamkeit ist ein Gestaltungsprozess von unterschiedlichsten Akteuren, beginnend bei dem männlichen Sozialarbeiter, inwieweit er sich seiner Zielsetzung bewusst ist. Also, was er

---

[21] „**Etymologie** (v. altgr. ετυμος ´wahrhaftig wirklich´ und λογος ´Vernunft Wort´) ist die Lehre von der Herkunft und Bedeutungsentwicklung der Wörter. Entgegen der Bedeutung von altgr. ετυμος darf man aber unter einer ´wahrhaftigen´ nicht normativ die (einzig) ´richtige´ Bedeutung verstehen." (uni-protokolle.de 2019)

[22] „DIN EN ISO 9000:2000 ist ein umfassendes internationales Normenwerk zum Qualitätsmanagement." (Bundesministerium des Innern, für Bau und Heimat 2018)

bewirken möchte und wie er dieses erreichen möchte. Immer in Anbetracht seiner reflektiven Mechanismen, in Kontakt zu sich selber. Im nächsten Schritt kommt in der Regel mindestens ein weiteres Ziel von außen dazu. Hier gilt der selbige Ablauf. So bestehen mindestens zwei unterschiedliche Ziele aus ihren jeweiligen Konstruktionen mit ihren unterschiedlichsten Ideen, wie diese zum Tragen kommen sollen. Die Wirksamkeit bei anderen oder auch bei sich selbst gilt hier als ein wesentlicher Teil. So bleibt dieser Gestaltungsprozess ein wechselseitiger und transparenter Austausch mit sich und seinem Gegenüber.

Es bleibt festzuhalten, dass Wirksamkeit auf den Nutzen derer zu überprüfen gilt, die wirksam sein wollen. Um Nachhaltigkeit oder gar Effizienz feststellen zu können, benötigt es eine eigene Betrachtung und ein Verständnis davon, woran das festgemacht wird. Es muss eindeutig, klar und offensichtlich kommuniziert sein. Weiterführend sollte es, je nach Kontext bzw. Zielsetzung, ebenfalls zeitlich und anhand von Kriterien zugeordnet sein.

Auf der Handlungsebene bedeutet das, dass ein männlicher Sozialarbeiter wirksam ist, wenn er daraus einen bewussten Gestaltungsprozess macht und aus der reflektierten Perspektive dies erkennen konnte. Natürlich kann er ebenfalls unbewusst wirksam sein. Jedoch fehlt dann ein wichtiger Bestandteil, sich dessen bewusst zu sein, um in anderen, weiteren oder ähnlichen Situationen erneut wirksam Handeln zu können.

Zusammengefasst, aus den Kapiteln 2 Konstruktion und 3 Soziale Arbeit, zeigt sich, dass jeder Mensch, ungeachtet seiner biologischen oder sozialen Herkunft, eine Geschlechter bezogene Rolle einnehmen kann. Es bleibt dem Menschen überlassen, für welches Geschlecht er sich entscheidet und welche männlichen oder weiblichen Verhaltensweisen er übernimmt bzw. im Erwachsenenalter zeigt. Es bleibt insgesamt bei einer eigens geschaffenen Wirklichkeit. Bezogen auf den männlichen Sozialarbeiter sind durchaus und sowohl Eigenschaften wie Emotionalität, Zugewandtheit, Empathievermögen usw., als auch Klarheit, Positionsstärke, Durchsetzungsvermögen etc. vorstell- und umsetzbar. Es bedarf jederzeit einer kritischen sowie humoristisch veranlagten Reflektionsstärke, gepaart mit voller Achtung und Fürsorge zur eigenen Gefühls- und Körperwelt.

Ist ein Kontakt zu seinem Selbst gelungen und aktiv, so kann sich der männliche Sozialarbeiter handlungsstark in seinem Denken und Handeln präsentieren, wie auch Haltung beziehen und zugleich eigene Positionen und Grenzen ziehen, diese durchhalten und sich dafür einsetzen. Dies geschieht losgelöst von den

Erwartungshaltungen anderer. Je tiefer ein männlicher Sozialarbeiter seine Konstruktionen und die der anderen verstanden, gefühlt und akzeptiert hat, umso freier, authentischer und stärker kann er eine wohlgesonnene, menschliche Dominanz ausstrahlen. Dies hat keineswegs mit negativ behafteten Zuschreibungen zu tun, vielmehr mit einer Authentizität, die ein männlicher Sozialarbeiter in der Sozialen Arbeit unter all den Prinzipien sowie Zielausrichtungen der Sozialen Arbeit positiv bekleiden und ausgestalten kann.

Es ist und bleibt ein hochkomplexes sowie ausdifferenziertes Berufsbild, in dem besonders Männer ihre wahren Persönlichkeitsanteile leben, gestalten und weiter entwickeln können. Es gibt jederzeit etwas zu tun oder neu zu entdecken. Ist nicht z.B. das ein Instinkt eines Mannes?

Anpacken, entscheiden, sich zu positionieren, in den Austausch gehen und unter höchst professionellem Handeln aktiv werden, wirksam sein und spürbar am Leben im Dienste mit sowie für andere Menschen sein?

Dafür ist es wichtig zu wissen und zu verstehen, was männliche Identität ist und was fundamentale Merkmale sind, um sich mit der eigenen Persönlichkeit insoweit auseinanderzusetzen, dass von einer hocheffizienten sozialarbeiterischen Handlung auszugehen ist. Weitere Antworten zur Thesis-Fragestellung werden in Kapitel 4 Männliche Identität als Sozialarbeiter in der Sozialen Arbeit bearbeitet.

4 Männliche Identität als Sozialarbeiter in der Sozialen Arbeit

Die Frage nach einer Identität und was z.B. darunter verstanden wird, lässt sich nicht eindimensional oder nebenbei beschreiben. Zahlreiche Autoren haben sich mit dem Thema wissenschaftlich auseinandergesetzt. Viel komplexer und diffuser gestaltet es sich, eine einfache Definition über eine männliche Identität zu formulieren.

Im Kontext als Sozialarbeiter in der Sozialen Arbeit bestehen augenscheinlich keinerlei wissenschaftliche Zugänge. Aufgrund dessen stellt sich die Herausforderung, die Quellen der jeweiligen Autoren mehr als eine Grundlage zu verstehen, sodass in der Summe ein qualitatives sowie quantitatives wissenschaftliches Bild über eine männliche Identität als Sozialarbeiter in der Soziale Arbeit entstehen kann.

Es bildet sich die erste Frage und zugleich Annäherung, wie Identität betrachtet werden kann. Dazu beschreiben Hahn und Kapp:

> „Wenn in der soziologischen[23] Literatur von Identität die Rede ist, wird oft nicht hinlänglich deutlich unterschieden zwischen dem Selbst als bloßem Lebenslaufresultat und dem Selbst als Resultat von sozialen Zurechnungen. Einmal nämlich ergibt sich eine Identität als Inbegriff von im Laufe des Lebens erworbenen Gewohnheiten, Dispositionen, Erfahrungen usw., die das Individuum prägen und charakterisieren."
> (Hahn & Kapp 1987: S. 10)

Anderseits „[m]acht [es] eben einen Unterschied, ob das Leben im religiösen, gerichtlichen, medizinisch-therapeutischen, beruflichen, privaten, wissenschaftlichen oder ästhetischen Zusammenhang thematisiert wird. Teils ergeben sich nämlich schon aus diesen Einbindungen die Funktionen der Selbstthematisierungen[24]."
(Hahn & Kapp 1987: S. 17)

---

[23] „Soziologie ist eine empirische Wissenschaft, die sich auf die Struktur und Funktionsweise von Gesellschaften und das Handeln von Individuen in sozialen Kontexten richtet." (Springer Gabler/Springer Fachmedien Wiesbaden GmbH 2018)

[24] Um ein Verständnis von „Selbstthematisierung" (Hahn & Kapp 1987: S. 17) zu erlangen beschreiben die beiden Autoren folgendes: „Diese lassen sich insbesondere an der Entwicklung der Beichte, der Autobiographie und der Psychoanalyse verdeutlichen. In allen drei Fällen geht es darum, daß [sic!] eine soziale Institution auf ganz bestimmte Weise die Individuen zur Befassung mit sich selbst bringt und die im jeweiligen Kontext erzeugten Selbstbilder dann verpflichtend werden läßt [sic!]. Mit den Bekenntnisformen werden Muster für das Reden und Denken über sich selbst zur Verfügung gestellt. Der Identitätsverlauf gerät in eine reflexive Perspektive, die zu einer Selbstabstraktion führt, die schließlich für das Ganze steht." (Hahn & Kapp 1987: S. 18)

Diese Betrachtungsweise knüpft ebenso an die vorangegangenen Kapitel und deren Verständnisse an. Aufgrund dessen bleibt zu klären, ob ein männlicher Sozialarbeiter günstigere Voraussetzungen für eine konstruktive Auseinandersetzung mit seiner Identität mitbringt, wenn er bereits erste Sozialisationserfahrungen, die einen achtvollen sowie menschenfreundlichen Ursprung entstammen, hat. Oder sind es eben diese Menschen, viel mehr Männer, die ohne diese Ursprungskenntnisse aufgrund von frühkindlichen Selbsterfahrungen anderer normativer Werte aufgewachsen sind?

Vielmehr wirkt es so, dass ungeachtet der Herkunft und der Selbsterfahrungen entscheidend ist, wie eben leicht oder schwer der eigene Weg mit der Auseinandersetzung der eigenen Identität wird. Unter Einbezug des konstruktivistischen Gedanken geht es nicht um die Bewertung, ob etwas prägend oder gar beeinträchtigend war.

Es geht vielmehr darum, was der Mensch im Hier und Jetzt damit macht. Wie möchte sich eine Person mit seiner Identität beschäftigen, vorangehend, ob diese Person es überhaupt in Betracht zieht. Eine grundsätzliche Freiwilligkeit und eigenes Interesse sollten vorliegen, um sich dem zu nähern, was Hahn und Kapp in ihren obigen Zitaten beschreiben.

Um sich mit einer männlichen Identität auseinanderzusetzen, bedarf es die genannte Bereitschaft, verstehen zu wollen, wie sich eben die eigene Identität aus selbst gemachten Erfahrungen und erlebten Erfahrungen mit anderen Bezugsgruppen (z.B. Herkunftsfamilie) entwickelt hat, und wie sie mit- und ineinander greifen, um eine gesunde männliche Identität als Mann und Sozialarbeiter zu entwickeln. Diese und weitere wichtige Bausteine werden im folgenden Kapitel 4.1 Entwicklung einer männlichen Identität aufgezeigt. Die Bedeutsamkeit und Verzahnung dessen wird im darauffolgenden Kapitel 4.2 Bedeutung für den männlichen Sozialarbeiter in der Sozialen Arbeit thematisiert.

4.1 Entwicklung einer männlichen Identität

Identität ist, wie bereits hingewiesen, ein sehr breitgefächerter Begriff und wird häufig mit der klassischen Fragestellung untermauert: *Wer bin ich*[25]*?*

Eine Position, die ebenfalls den obigen Text zu eben dieser Frage belegt, hat Charles Taylor entwickelt. Ungeachtet des menschlichen Ursprungs ist seine Antwort: Wissen, im Sinne von Orientierung und eigens getroffener Entscheidung, wie das Hier und Jetzt aussieht und für welche Handlung sich der Mensch in jenem Moment entscheidet. Vielmehr zielt diese Handlung auf eine Willenserklärung ab, inwieweit er diese bewertet und in welcher Form Bindungen in diesem Konstrukt vorliegen. Auf dieser Basis bleibt die oben bestehende Frage eine von Situation zu Situation zu entscheidende sowie flexible Auslegungsform (vgl. Taylor 1996: S. 55).

Es zeichnet sich ab, dass es zwar eine Kernfrage zur Identität gibt, es aber unklar bleibt, wie hilfreich diese für eine Auseinandersetzung ist. Besonders bezogen auf einen Mann. Bilden solche rhetorischen Fragen eher eine abschreckende Wirkung als eine aktive sowie bewusste Auseinandersetzung für einen Mann?

Selbstverständlich sind solche oder andere Identitätsfragen unerlässlich, besonders für einen männlichen Sozialarbeiter im Kontext der Sozialen Arbeit. Die Identitätsfrage der Sozialen Arbeit und was ein Sozialarbeiter ist, wurde in den Kapiteln 2 Konstruktion und 3 Soziale Arbeit beantwortet. So ist festzuhalten, dass eben diese Identitäten und Wirklichkeiten bestehen. Es zeigte sich ebenfalls, dass es an diesen Stellen mehr um Positionierungen aus der Perspektive eines männlichen Sozialarbeiters ging.

Dies vermag eine Leichtigkeit zum Vergleich von einem tieferen, viel bewusster machenden Prozess der eigenen Identitätsfrage als Mann. Selbstredend gibt es diverse Sequenzen oder auch durchgehende Abschnitte, in denen der männliche Sozialarbeiter aufgefordert ist, sein Mann-Sein und sein sozialarbeiterisches Handeln übereinzubekommen. Dazu mehr im folgenden Kapitel.

---

[25] „'Das 'Ich' gehört seinem Gehirn als bloß funktionale Realität an. Was bleibt ist lediglich die Hoffnung, daß [sic!] das individuelle Selbstbewußtsein [sic!] als substantielle Funktion, einmal entstanden, auch immer 'bleibend' ist in irgendeinem, mit den Mitteln wissenschaftlicher Erkenntnis nicht mehr argumentativ feststellbaren Sinn' (Oeser & Seitelberger 1988: S. 190 zit. n. Stangl 1989: S. 355)." (Stangl 1989: S. 355)

So stellt sich die Frage, wie sich ein Mann und zugleich ein männlicher Sozialarbeiter nicht zu theoretisch mit seiner Identität auseinandersetzen kann, um diese fort weg zu entwickeln[26]?

> Zugleich gilt zu überprüfen, was ein Mann in seinem Selbst überwinden bzw. akzeptieren kann oder muss. Das folgende Zitat soll einen ersten Zugang schaffen.

> „Die Furcht vor Irrationalität, Instinkt, Intuition und Emotionalität müsse überwunden werden. (...) Bei [einer] Initiation gehe es nicht um ‚einen ‘höheren Bewußtseinsstand‘ [sic!], sondern um etwas Nasses, Dunkles, Tiefes‘ (S. 24). Der Mann müsse bereit sein, ‚die *nährende* Dunkelheit‘ der männlichen Psyche zu akzeptieren (S. 21). Der Kern der Männlichkeit ist einer reflexiven Durchdringung nicht zugänglich. Da ist nichts zu verstehen, schon gar nicht in Frage zu stellen, die Alternative lautet: Akzeptanz des Nicht-Faßbaren [sic!] oder Orientierungslosigkeit. Die ‚tiefste Männlichkeit‘ ‚wird von dem *Instinktiven* behütet‘ (S. 23).“ (Meuser 2010: S. 175)

Dieses Zitat lehnt des Weiteren an die Zusammenfassung der Kapitel 2 und 3 an. Es geht als Mann um das eigene Zutrauen, das Akzeptieren und den Mut, sich auf die Welt der Gefühle einzulassen und nicht zu hinterfragen um des Verstehens halber, sondern um des sich Spürens. Ein in sich Hineinhorchen und bewusstes Erleben, wie ein Mann geschaffen ist und funktioniert, ist wichtig. Das ist ein erster Schritt.

Die Frage, wie ein Mann dies artikulieren kann, ist noch eine zu früh gestellte Frage. Meuser beschreibt dazu, dass es eine enorme Herausforderung für einen Mann ist, zu beschreiben, was unter Männlichkeit verstanden wird. Ungeachtet dessen, das Männer sehr wohl wissen, was es bedeutet und sie dies könnten, aber es nicht tun (vgl. Meuser 2010: S. 142).

Es braucht ein tieferes Verstehen von männlichen Mustern und dessen Funktionsweisen sowie deren Einflussfaktoren. „Geschlechtersysteme sind ... in ein komplexes Gefüge von Macht-, Produktions- und Bedürfnisstrukturen, Dependenzen und Interdependenzen eingebunden.“ (Kühne 1996: S. S.23) Für die männliche Identität ist sowohl ein Verstehen aus eigenen gemachten Lebenserfahrungen, wie auch durch die Einbindungen in soziale Strukturen, prägend. Das bedeutet, dass es unabhängig vom Geschlecht um ein Interaktionsgefüge und die Entscheidung geht, wie sich ein Mann oder eine Frau in der Situation, in der er oder sie sich gerade

---

[26] „Unter Entwicklung versteht man im Allgemeinen einen Prozess der **Entstehung**, der **Veränderung** bzw. des **Vergehens**, wobei drei Prinzipien zu Grunde liegen: das Prinzip des **Wachstums**, das Prinzip der **Reifung** und das Prinzip des **Lernens**.“ (Stangl 2019e)

befinden oder möglicherweise herausgefordert sind, positioniert und zu entscheiden, ob sie männliche oder weibliche Züge zeigen bzw. zulassen wollen.

Bezogen auf den Mann ist zu überprüfen, wodurch er sich eine Orientierung im Leben geschaffen hat, um seine Männlichkeit ausleben zu können. Sind es die Erfahrungen, wie oben Meuser beschreibt, dass Initiationen einen Mann näher zu seiner männlichen Identität bringen? Oder sind es Leitbilder, also beispielsweise andere Männer, die einen Mann in seiner männlichen Identität inspirieren? Inspirieren in Form eines Vorbilds oder Anteile des Mann-Seins, die nützlich für seine eigene geschaffene Konstruktion als Mann sind.

Vorweg ist ebenso festzuhalten, dass es nicht eine Identität gibt. Sie hat verschiedene Facetten. Ebenso beschreibt Butler ungeachtet jeglicher Geschlechterrollen sowie Zuschreibungen, dass eine Identität viele ursächliche Identifizierungen aufweist. Diese sei, ungeachtet dessen, frei von einem kausalen Ursprung und es gäbe eine Vielzahl sowie Daseinsberechtigung von koexistierenden Ausgangspunkten (vgl. Butler 2018: S. 107).

Es zeigt sich weiterhin, dass Plausibilität und rationale Vorgehensweise in der männlichen Identitätsfrage wenig Platz haben. Vielmehr kann es als eine abwechslungsreiche, vielfältige und zugleich bunte Reise verstanden werden. So kann möglicherweise zweitrangig sein, wie ein Mann sich damit auseinandersetzt. Die Form der Auseinandersetzung sollte zum Typus des Mannes passen.

Somit bildet sich der Kern einer männlichen Identitätsentwicklung, indem nachgegangen werden muss, welche Themenfelder, Emotionen oder Situationen fundamental für eben diesen sind. Strohmaier beschreibt dazu:

„Männlichkeit in ihrer gesellschaftlichen Ausprägung kann kein Rezept sein, das dem einzelnen Mann Identität verspricht. Männlichkeit ist ein Entwurf, dem der Mann Leben einhauchen kann. Wenn es ihm gelingt, eigene Erfahrungen, Hoffnungen und Enttäuschungen in sich selbst zu versöhnen und eine vitale und streitbare Balance zwischen sich und seinen sozialen Beziehungen zu finden, dann könnte dem, was Sehnsucht[27] bezeichne[t], Substanz verliehen werden und etwas erfolgen, was als Novum[28] in [der] Praxis hervortritt." (Strohmaier 2003: S. 384)

Hier schließt sich der Kreis von Emotionen erneut. Ungeachtet von Zuschreibungen wie guten oder schlechten Gefühle, von Schmerz oder Freude, bleiben es Gefühle. Gefühle sind der Kern des Zuganges seiner Selbst. Sie sind machtvoll, können einen Mann beeinflussen und prägen.

Zugleich ist für eine Identitätsentwicklung elementar, selber zu entscheiden, Herr der Lage zu sein, verantwortungsvoller Entscheidungsträger über den Umgang mit Gefühlen zu sein. Gefühle kommen und gehen, aber sie sind durchweg unterbewusst oder bewusst da. Ebenso bildet das Meer der Emotionen die Möglichkeit, sich gehen zu lassen. Einfach hinein zu fühlen, nicht zu entscheiden, was der Mann jetzt damit macht oder nicht und zuzulassen, dieses auf sich wirken zu lassen und mitzuschwingen. Es ist mehr als eine Kompetenz eines Mannes. Es wäre eine ungeachtete Stärke, eben diese mit in seine Wirklichkeit einzubauen.

Mögliche Selbstzweifel eines Mannes, sich für diesen Weg zu entscheiden, werden durch kategorisches sowie feministisches Schubladendenken wachgerüttelt.

---

[27] „Sehnsucht ist allgemein betrachtet ein inniges Verlangen nach einer Person, einer Sache, einem Zustand oder einer Zeitspanne, die bzw. den man liebt oder begehrt, wobei diese mehr oder minder mit dem schmerzhaften Gefühl verbunden ist, den Gegenstand der Sehnsucht nicht erreichen zu können. (...) Der **psychologische Aspekt** der Sehnsucht betrifft vor allem das Faktum, dass es bei einer Sehnsucht um etwas geht, das im gegenwärtigen Leben fehlt, dass man etwas nicht mehr hat, verloren hat, vielleicht noch nie hatte, vielleicht auch nie erreichen wird oder nur ganz schwer erreichen kann. (...) Sehnsucht ist trotz aller Emotionalität ein **kognitives Phänomen**, denn es geht in der Regel um gedankliche Konstruktionen, die meist sehr komplex sind." (Stangl 2019c)

[28] „Was das sein könnte? Vielleicht, daß [sic!] [Männer] manches gelassener angehen, daß [sic!] [Männer] Alltagsdinge als verkanntes Wissen betrachten lernen, daß [sic!] [Männer] das Wagnis des Irrtums eingehen, daß [sic!] [Männer] akzeptieren, nicht aus ihrer Haut zu können und ihren Habitus (was für ein gewichtiges lateinisches Wort!) trotz der Verflochtenheit in gesellschaftliche Zwänge weiter zu verlebendigen; oder die Erkenntnis, daß [sic!] sich Hoffnung gegen alle Erfahrung stellen kann, wo sie – im Blochschen Sinne – der Enttäuschung standhält." (Strohmaier 2003: S. 384)
Erklärung zu „Blochschen Sinne" (ebd.) aus Fußnote[28]: „Ernst Bloch gilt als einer der wichtigsten deutschen Philosophen des 20. Jahrhunderts." (Ernst-Bloch-Zentrum der Stadt Ludwigshafen am Rhein 2019)

Umso mehr scheint ein selbstbewusstes Auftreten und zugleich ein neues Selbstverständnis von Mann-Sein wichtiger denn je. Hierzu beschreibt Strohmaier, dass im veränderten Bild von gesellschaftlichen sowie Geschlechter bezogenen Diskursen eine noch nicht selbstverständliche Konfrontation und Veränderung seiner Selbst als Mann zu erkennen ist (vgl. Strohmaier 2003: S. 136f).

Das bedeutet, es sind Anfänge zu erkennen. Es gilt, wie der Volksmund gerne sagt, dass aller Anfang schwer ist. Um solch einen Weg einer männlichen Identität zu gehen und zuzulassen, braucht es etwas Existentielles.

Es ist so fundamental und die Antwort darauf so einfach und schlüssig zugleich, sodass sich ein Mann, wie bereits oben beschrieben, als Reisender auf seinem Weg als Mann verstehen sollte. Es handelt sich um:

> „Suchen zu lernen. Suchen lernen heißt zunächst einmal, damit produktiv (und nicht regressiv) umgehen zu können, daß [sic!] *eindeutige* und *richtige* Wege und Problemlösungen nicht in Sicht, oft auch überhaupt nicht vorhanden oder denkbar sind. (…) Zum Suchen … gehört es substantiell dazu, auch mal etwas auszuprobieren, mal in Sackgassen zu gelangen, mal Rückschläge zu erleiden, mal zu verweilen und sich zu besinnen, mal Umwege zu machen oder mal sehr kurvenreiche Wege zu beschreiten." (Krafeld 1996: S. 64f)

Das Besondere daran ist, dass es sich zu einer bewussteren sowie andersartigen Kultur des Lebens entwickeln kann.

Es bildet ein lernbares Lebenspotential ab, welches besagt, dass es ein Grundrecht jedermanns ist, worüber ein Mensch, autonom, eine sinnvolle Verantwortung trägt und sich zugleich für alle Facetten dieser Konstruktion entscheiden darf und ob dieses Lebenspotential ein integraler Bestandteil seines Lebens wird oder eben nicht (vgl. Stoklossa 2001: S. 49).

Diese fundamentalen Auseinandersetzungen mit einer männlichen Identität bedeuten also, neben der Bereitschaft, seine Gefühlswelt als lebendiges Konstrukt zu verstehen sowie zuzulassen, den Weg der Identität zu gehen. Wie oben im Zitat beschrieben, existiert kein Fahrplan des Lebens. Es muss eher eine Bereitschaft des Suchens, vielmehr des Entdeckens entwickelt werden, indem sich mit bestehenden wie neue Seiten an sich als Mann auseinandergesetzt wird oder diese andersartig aufleben zu lassen, ungeachtet dessen, ob sie als weibliche oder männliche Zuschreibung definiert sein könnten.

Jegliche Sozialisationserfahrungen oder Deutungen als Junge haben Spuren, einer Prägung hinterlassen. Diese haben Einflusscharakter auf die Identitätsentwicklung als Mann, solange ein Mann keine eigene Entscheidung trifft.

Die erste Entscheidung könnte sein, das Leben und die Entwicklung des Mannes bis zum heutigen Tag zu akzeptieren.

Daraus kann sich ein Bewusstsein für folgende Haltung entwickeln: „Es geht also um das ‚Aufschließen des inneren Mannes', des ‚inneren Jungen' in der Spannung zum äußeren männlichen Verhalten." (Böhnisch 2015: S. 28)

Das bedeutet eine innere Öffnung und Akzeptanz seiner vorgeschichtlichen Lebenswirklichkeit, welche er mehr oder weniger selber beeinflussen konnte oder genauso mehr oder weniger dafür etwas konnte, wie die äußeren Faktoren waren.

Im weiteren Sinne kann dadurch eine Loslösung stattfinden, ohne seine Wurzeln sowie den Bezug seiner Lebenswirklichkeit und dessen Deutungskonstruktion zu verlieren. So beschrieb bereits Erikson: „Die *Identitätsbildung* schließlich beginnt dort, wo die Brauchbarkeit der Identifikationen endet." (Erikson 1973: S. 140)

Es wird deutlich, dass eine Auseinandersetzung mit sich als Mann und dessen Identität eine Reise ins Ungewisse ist. Es hat einen Charakter von Abenteuer, von Neuland entdecken, sich als Mann inspirieren zu lassen ohne im Hier und Jetzt das Ende zu kennen. Ist es nicht genau das, was einen Mann männlich und lebendig macht?

Zur Entwicklung einer männlichen Identität hat Stoklossa einen deutlichen Appell an die Männerwelt gerichtet:

> „Anstelle der ... selbstfernen Imagination vom ´neuen Mann ...´ sollten Männer ... sich endlich für sich selbst entscheiden, d.h. gelingendes Menschsein, selbstverantwortliches Leben wählen, in diesem Sinn eine Art Demaskulinisierung beginnen, in deren Folge Geschlechterdemokratie selbstverständlich würde, weil sich Männer ´Selbstdemokratie´ ermöglichten. Das bedeutet im individuellen Lebenskontext, sich als Mann endlich zur Verantwortung für sich selbst, zur bewußten [sic!] Selbstsorge durchzuringen. Auf gesellschaftlicher Ebene bedeutet dies, Männlichkeit als dominantes Strukturprinzip abzulösen, vom machtanmaßenden Mannsein endlich Abschied zu nehmen und anstelle konkurrenzfixierter, an Machtzuwächsen und kurzfristigen Gewinnen sich orientierender Politik und Wirtschaft die Maxime nachhaltiger und kooperativer Für- und Vorsorge (Weltsorge) durchzusetzen." (Stoklossa 2001: S. 49)

Zusammengefasst lässt sich die Entwicklung einer männlichen Identität als eine akzeptierende und kritische Annahme seiner Selbst beschreiben. Vielmehr eine Akzeptanz dessen, dass das Leben, also die Herkunft des Mannes und dessen

Lebens- sowie Sozialisationserfahrungen ein Konstrukt abbilden, welches lebendig und in sich einen Nutzen mitbringt. Der Nutzen liegt darin, diese Entwicklung so anzunehmen, wie sie war und sich zugleich als Mann öffnen zu können, besonders auf dem Hintergrund der Gefühle. Sie sind ein Indiz für das lebendige in dem Manne.

Es ist ein in sich Hineinfühlen und die Bereitschaft, unterschiedlichste Gefühlslagen zuzulassen und dessen Wirklichkeit als festen Bestandteil einfließen zu lassen. Mit diesem Rüstzeug geht es um weitere Bausteine von Selbsterfahrungen, vielmehr um Auseinandersetzungen mit sich als Mann. Es ermöglicht eine Plattform des inneren Dialogs. Welche Form ein Mann für solche und andere Erfahrungswelten wählt, ist typusabhängig und eine Entscheidung von ihm selber.

Um das volle Potential seiner männlichen Identität zu entfalten, geht es schlussendlich um das Suchen. Nicht um ein Orientierungsloses hin und her laufen, sondern um ein sich einlassen und ein Vertrauen darauf, dass Mann-Sein etwas Charaktervolles, Starkes und eine Entfaltung aller menschlichen Verhaltensweisen mit sich bringt und die jeweilige Seite nichts mit weiblich oder männlich zu tun hat.

Es hat etwas mit einem Standing, mit einer Haltung und einer Position zu tun. Mit einer Identität, die nach innen wie nach außen gelebt werden möchte. Sie strahlt ein Selbstbewusstsein aus, das mit einer durchgehenden Entwicklung zu tun hat. Die Entwicklung einer männlichen Identität ist eine Reise, möglicherweise eine nie endende Reise, da es immer wieder neues zu entdecken gibt. Sie ist und bleibt vielfältig und wird so stark sowie sicher erlebt, wie ein Mann sich dafür entscheidet.

Im folgenden Kapitel 4.2 Bedeutung für den männlichen Sozialarbeiter in der Sozialen Arbeit wird sich darauf bezogen, wie diese Erkenntnisse auf den männlichen Sozialarbeiter in der Sozialen Arbeit adaptiert werden können.

4.2 Bedeutung für den männlichen Sozialarbeiter in der Sozialen Arbeit

Die bisherigen wissenschaftlichen Erkenntnisse der Bachelor-Thesis **Männliche Sozialarbeiter – Konstruktion von Identität und professioneller Haltung** sind, kurz zusammengefasst, ein lebendiger, wachsender und vielfältiger Blick auf eine farbenfrohe sowie intensive Wirklichkeit eines Mannes. Sie implizieren unterschiedlichste Gefühlslagen und besonders das Zulassen sowie das in sich bewusste Hineinfühlen als Mann. Ungeachtet dessen, ob die Ausführung eines Mannes weibliche oder männliche Charakterzüge mit sich bringt. Diese bedeutsame Stärke und Sicherheit als Mann lässt sich durchweg mit dem Berufsbild und Berufsverständnis eines Sozialarbeiters, siehe Kapitel 2 Konstruktion und 3 Soziale Arbeit, vereinbaren. Hier der Hinweis auf die Abbildung 3 aus dem Kapitel 2.2.1 Definition von Sozialarbeiter. Wird das praktische Beispiel des Hilfeplangespräches näher betrachtet, zeigt sich folgende Erklärung und Bedeutung: Ein Hilfeplangespräch ist eine gesetzlich sowie fest verankerte Vereinbarung in der z.B. Kinder- und Jugendhilfe. Leben Kinder, als Beispiel genannt, in einer stationären Wohngruppe, haben meistens deren sorgeberechtigten Elternteile einen Antrag auf Hilfe zur Erziehung gestellt. Diese Grundlage bildet die Möglichkeit für ein Gespräch mit z.B. einem Sachbearbeiter vom Jugendamt (u.a. in der Regel ein Sozialarbeiter), dem Kind mit mind. einem Elternteil und der Einrichtung, vertreten durch mind. eine Person (ebenfalls kann diese ein Sozialarbeiter sein). Dieses Setting wird Hilfeplangespräch genannt.

Ziel dessen ist es, u.a. die Entwicklung des Kindes sowie der Familie zu besprechen und weitere gemeinsame Ziele zu definieren. Für dieses Beispiel wird angenommen, ein männlicher Sozialarbeiter vertritt die Einrichtung, in der das Kind lebt.

An dieser Stelle beginnt die erste Bedeutsamkeit der oben genannten Kapitel 2 und 3. Der männliche Sozialarbeiter muss sich vorab mit seiner Wirklichkeit des Berufsbildes, Berufsverständnisses auseinandergesetzt haben. Nur so kann es ihm gelingen, den z.B. Prinzipien der Sozialen Arbeit gerecht zu werden. Ebenso braucht er ein Verständnis von seinem männlichen Dasein, da er u.a. aufgefordert ist, auf der einen Seite einfühlsam die Perspektive des Kindes zu vertreten, um der Stimme des Kindes, vertreten durch den männlichen Sozialarbeiter, eine Wirkung und Bedeutsamkeit zu geben. Zugleich müssen die Interessen, möglicherweise wirtschaftliche Aspekte des Unternehmens vertreten werden. Hier erfordert es u.a. eine starke, beharrliche, sehr klare Position des männlichen Sozialarbeiters.

Diese Erklärungen und weitere Bedeutungen können ebenfalls mit anderen Akteuren fortgeführt werden, wie z.B., dass der männliche Sozialarbeiter der Einrichtung im direkten Kontakt mit dem Sozialarbeiter vom Jugendamt steht. Durchaus realistisch kann angenommen werden, siehe Kapitel 2.2 Männliche Sozialarbeiter, dass das Jugendamt durch eine weibliche Sozialarbeiterin vertreten ist, da der prozentuale Anteil von Frauen bei 74 % liegt. Hier würden die jeweilige Bedeutsamkeit der weiblichen Sozialarbeiterin vom Jugendamt und die des männlichen Sozialarbeiters der Einrichtung bei weiteren Ausführungen zum Tragen kommen.

So bildet sich ab, dass die vorangegangen, wissenschaftlich herausgearbeiteten Kapitel mit der Praxis eines männlichen Sozialarbeiters, wie exemplarisch beschrieben, vollumfänglich übereinkommen. Des Weiteren wird deutlich, in welcher Form diese eben von Bedeutung sind und besonders, wie fundamental es ist, die beschriebe Auseinandersetzung in Kapitel 4 Männliche Identität als Sozialarbeiter in der Sozialen Arbeit sowie 4.1 Entwicklung einer männlichen Identität mit der eigenen Persönlichkeit als männlicher Sozialarbeiter übereinzubekommen.

Eine stärkende und souveräne Haltung kann ebenfalls für den männlichen Sozialarbeiter in einem Hilfeplangespräch hilfreich sein, indem er jegliche kritische Anmerkungen oder Betrachtungsweisen der anderen Akteure schlussendlich als eine weitere Konstruktion derer, die eben diese Perspektive einnehmen und bewerten, versteht.

Hier kommt erneut das klassische Handwerkszeug der Reflektion zum Tragen und besonders dessen Bedeutsamkeit. Anhand von Reflektion und einer kritischen Auseinandersetzung mit seiner Selbst sowie deren Umwelt als männlicher Sozialarbeiter in der Sozialen Arbeit lassen sich sprichwörtlich Berge versetzen. Besonders der humoristische Zugang zu eben seiner sowie deren Konstruktionen eröffnen das Potential, den eigenen Weg einer männlichen Identität zu gehen. Vielmehr die schöpferische Vielfalt durch Suchen, Spüren und Erleben einer vielschichtigen Identität als Mann sowie als Sozialarbeiter, mit all seinen Konsequenzen und Schattenseiten, positionsstark kennenzulernen.

Um dessen und deren Bedeutungen, ebenfalls aus den vorangegangen Kapiteln, für den männlichen Sozialarbeiter in der Sozialen Arbeit weiter ausführen zu können, bildet folgendes Zitat ein grundlegendes Verständnis für diese Bearbeitung: „Ganz generell ist es für die Soziale Arbeit wichtig, sich von einem Denken in einfachen Täter-Opfer-Schemata ebenso zu verabschieden wie von einem Denken in einfachen Männer-Frauen-Schemata." (Scherr 2013: S. 73)

Explizit wissenschaftliche Publikationen und inwiefern eben diese oder jene Bedeutung für einen männlichen Sozialarbeiter haben können, bleibt ein wissenschaftliches Neuland. Vielmehr lassen sich weitere Ableitungen und Bezüge herstellen. Neben der Forschung von Männlichkeit, Identität oder Sozialer Arbeit haben sich Wissenschaftler mit der Jungenforschung auseinandergesetzt. Daraus entstand u.a. die Arbeit als Sozialpädagoge mit Jungen. Des Weiteren wurde, ausschnitthaft, die männliche Identität angeführt. Es zeigten sich weitere Eigenschaften, die ein männlicher Sozialarbeiter im Kontext der Sozialen Arbeit mitbringen sollte. Winter spricht von: „... abgrenzende, autoritative Qualitäten wie

Standfestigkeit, psychische Stärke, Spannung, Energie, Entschlossenheit und Nachdrücklichkeit." (Winter 2013: S. 88)

Daran anknüpfend zeigt sich erneut, dass ein männlicher Sozialarbeiter durch seine Entscheidungen positions- sowie charakterstark eine Fülle von qualitativen sowie quantitativen Merkmalen platzieren und (vor)leben kann. Hat dieser sich mit seiner Identität beschäftigt und auseinandergesetzt, wie in Kapitel 4.1 Entwicklung einer männlichen Identität beschrieben, so erntet er sprichwörtlich, was er sät.

All sein sozialarbeiterisches Handeln, siehe u.a. 2.2.1 Definition von Sozialarbeiter und 3 Soziale Arbeit, hat eine Wirkung auf sich selber sowie auf seine Umwelt. Die Bedeutung dessen bildet ein neues sowie interessantes Forschungsfeld ab.

Aufgrund dessen spricht Bilden von: „Innere Vielfalt (Pluralität) und Beweglichkeit sind, … eine *notwendige Antwort auf die Pluralität* von Lebensformen, von Werten und Kulturen; sie sind die Antwort auf die Vielfalt von Kontakten und Kontexten, in denen wir uns bewegen." (Bilden 1997: S. 228)

Dementsprechend kann jegliches sozialarbeiterisches Handeln nur so bedeutsam sein, wie eben der männliche Sozialarbeiter wirksam seiner „Inneren Vielfalt" (ebd.) begegnen kann und möchte. Natürlich können jegliche beschriebene Aspekte aus den vorherigen Kapiteln z.B. Widerstand in dem männlichen Sozialarbeiter hervorrufen.

Umso mehr scheinen hier die wesentlichen Merkmale für eine gelingende männliche Identitätsentwicklung von Achtsamkeit und positiver Zuspruch an Bedeutung zu bekommen. Desto bewusster ein Mann in Kontakt mit seiner Welt, vielmehr Wirklichkeit ist, desto mehr kann er sich selber wirksam in seinem Fühlen, Denken und Handeln erleben. Diese Mechanismen übertragen sich auf seine Umwelt sowie auf seine Kontexte als männlicher Sozialarbeiter und dessen Arbeitsfelder und auf die Ausführung seiner sozialarbeiterischen Handlungen in der Sozialen Arbeit.

Schlussendlich wird über die Bedeutsamkeit eben dessen entschieden und wie bedeutsam ein männlicher Sozialarbeiter, ungeachtet aller Herausforderungen und Grenzen oder Vorgaben, in seiner Konstruktion sein möchte.

Hier kann der sprichwörtlichen Idee gefolgt werden, dass ein Mensch auch mit Steinen, die ihm auf seinem Weg der Reise gelegt werden, etwas Andersartiges gestalten kann.

In der Metapher verbleibend können Steine bemalt werden, sie können zerklopft werden, um daraus beispielsweise eine Mauer für ein Haus zu bauen, Steine können aufeinander gestapelt werden oder sie können über das Wasser springen.

All diese Möglichkeiten existieren und bieten neben ihrer Vielfalt eine enorme Leichtigkeit an, diese so zu gestalten und weiterzuentwickeln, wie sie eben ein männlicher Sozialarbeiter in seiner Identitätsentwicklung benötigt.

Des Weiteren zeigt sich, dass es unerlässlich für einen Mann ist, mit weiteren Männern ein tieferes Bündnis einzugehen. Vielleicht auch verstanden als eine wahrhaftige Männerfreundschaft, bei der es eben nicht um Oberflächlichkeiten geht, sondern vielmehr um einen direkten Kontakt und Austausch über Gefühle, Gedanken, Handlungen und Positionierungen für sich und seine Umwelt.

Bevor es im folgenden Kapitel 5 um einen fachbezogenen Diskurs von Theorie und Praxis männlicher Identität in der Sozialen Arbeit geht, ist das Zitat von Urwin abschließend und sehr zutreffend:

> „Vor allem müssen wir begreifen, dass die Eigenschaften, die wir als unerlässlich für Männlichkeit betrachten, nicht in Stein gemeißelt sind. Die meisten der allgemein akzeptierten Eigenschaften, die wir als spezifisch für ein Gender erachten, hatte ihre Wurzeln vor Jahrhunderten oder gar Jahrtausenden und dienten ursprünglichen Zwecken, die heute einfach nicht mehr relevant sind, weil wir technische Fortschritte gemacht haben und weil sich unsere Genderrollen in kurzer Zeit vollkommen verändert haben. Verhaltensmerkmale wie Aggression oder philosophische Konzepte wie Mut waren für Männer in Jäger-und-Sammler-Kulturen lebenswichtig, um die Familien zu versorgen und zu verteidigen. (...) In der postindustriellen Gesellschaft[29] sind biologische Faktoren wie körperliche Kraft in den meisten Arbeitsbereichen kein Pluspunkt mehr. (...) Menschen sind einzigartig in ihrem unablässigen Durst nach Wissen und Fortschritt, doch so ein Wachstum ist nur durch Kooperation möglich. (...) Mit einfachen Worten, als Männer und Frauen jeweils klar definierte Rollen hatten, um die menschliche Entwicklung voranzubringen, die sich kaum überschnitten, war es sinnvoll, dass Männer so männlich waren, wie sie nur konnten, und umgekehrt. Heute geht der Nutzen so einer Männlichkeit gegen Null." (Urwin 2017: S. 223f)

---

[29] „Die postindustrielle Gesellschaft ist die Gesellschaft, in der die Arbeits- und Kapitalressourcen ersetzt wurden durch Wissen und Information als Hauptquellen der Wertschöpfung. Ermöglicht durch technischen Fortschritt, geht mit der postindustriellen Gesellschaft ein Wechsel von der Schwerpunktlegung auf die Fertigungsindustrie zur Dienstleistungsindustrie einher." (Onpulson.de GbR 2019)

5 Männliche Identität in der Sozialen Arbeit entwickeln

Bundesweit sind keine direkten Angebote zur männlichen Identitätsentwicklung als Sozialarbeiter zu verzeichnen. Des Weiteren bildet sich ab, dass keine wissenschaftlichen Publikationen oder Forschungen zu eben diesem Themenfeld bekannt sind.

Die Bachelorthesis **Männliche Sozialarbeiter – Konstruktion von Identität und professioneller Haltung** hat sich mit der Fragestellung **Welche Auseinandersetzungen mit der eigenen Persönlichkeit sind fundamental für einen Mann als Sozialarbeiter für sein sozialarbeiterisches Handeln?** wissenschaftlich auseinandergesetzt.

Anhand von anderen wissenschaftlichen sowie forschungsrelevanten Zugängen konnte sich mit der oben genannten Thesis sowie Fragestellung diskursiv auseinandergesetzt werden. Grundlagen hierzu bildeten Konstruktivismus, Sozialarbeiter, Männlichkeit, Soziale Arbeit, Professionelle Haltung, Wirksamkeit und Entwicklung einer (männlichen) Identität.

Um gezielte Angebote in Formen von Workshops, Seminaren, Fortbildungen etc. zur männlichen Identitätsentwicklung als Sozialarbeiter als repräsentativ abbilden zu können, wurden bundesweit über 45 Anfragen gestellt. Davon sind 15 Antworten als mehr oder weniger hilfreich oder als annähernd sinnstiftend für die Bachelorthesis einzustufen. Weitergehend gab es Antworten, in denen sich für die Anfrage bedankt wurde, aber kein entsprechendes Material zum oben genannten Thema vorhanden sei oder sich gar nicht mit diesem Thema beschäftigt wurde. Darüber hinaus zeigten sich ein höheres Interesse bzw. Bekundungen, dass es ein sehr spannendes, unbekanntes und lohnenswertes wissenschaftliches Thema in der Bundesrepublik Deutschland sei.

Ausschnitthaft werden Personen, Institutionen, Verbände usw. erwähnt, die zum einen Einblick in die Kontaktgestaltung zwecks gezieltere Angebote abbilden sollen und sich zum anderen wissenschaftlich mit z.B. Männlichkeit über verschiedene Zugänge beschäftigen oder Literatur in Form von z.B. Monographien veröffentlicht haben. Hierzu gehören Prof. Dr. Walter Hollstein aus Biel-Benken, Schweiz[30], Sascha Meinert vom Kompetenzzentrum Technik-Diversity-

---

[30] Weitere Informationen unter: https://www.walter-hollstein.ch/index.html

Chancengleichheit e.V. aus Bielefeld[31], Bundesforum Männer – Interessenverband für Jungen, Männer und Väter e.V. aus Berlin[32], Marc Melcher vom Paritätisches Bildungswerk Bundesverband e.V. Fokus Jungs aus Frankfurt am Main[33], Prof. Dr. Timm Kunstreich aus Hamburg[34], Jörg Gakenholz von der Landesfachstelle Männerarbeit bei der Landesarbeitsgemeinschaft Jungen- und Männerarbeit Sachsen e.V. aus Dresden[35], Hans-Georg Nelles von der Landesarbeitsgemeinschaft Väterarbeit Nordrhein-Westfalen aus Düsseldorf[36] und Josef Riederle vom KRAFTPROTZ® Bildungsinstitut für Jungen und Männer aus Kiel[37].

Aufgrund dieser Basis werden in dem folgenden Kapitel 5.1 Angebote zur männlichen Identitätsentwicklung als Sozialarbeiter aus z.B. Skripten von Weiterbildungen für männliche Sozialarbeiter, die mit Jungen arbeiten, zitiert, und vielmehr ein Theorie-Praxis Diskurs hergestellt und zur Bachelorthesis abgeleitet.

5.1 Angebote zur männlichen Identitätsentwicklung als Sozialarbeiter

Von der Landesarbeitsgemeinschaft Jungenarbeit NRW e.V., kurz LAG Jungenarbeit NRW genannt, wurde 2001 von Michael Drogand-Strud ein Konzept „Von der Arbeit mit Jungen zur Jungenarbeit[.] Fortbildung für männliche Fachkräfte aus Jugendhilfe, Schule & Sport" (Landesarbeitsgemeinschaft Jungenarbeit NRW e.V. 2001) entwickelt.

Dieses entwickelte Konzept für eine Fortbildung fußt u.a. auf „... Auseinandersetzung mit dem Verständnis **kultureller Zweigeschlechtlichkeit** und einer gesellschaftlichen Realität, in der Mädchen und Jungen bzw. Männern und Frauen je nach Geschlecht unterschiedliche Lebenskonzepte und –räume, Verhaltensweisen und Wertigkeiten **zugeschrieben** werden." (LAG Jungenarbeit NRW 2001: S. 31) Es zielt auf „**Gleichwertigkeit**" (LAG Jungenarbeit NRW 2001: S. 32) und „**Differenz**" (ebd.) ab, um eben eine stärkende sowie selbstbestimmtere Position als Mann einnehmen zu können (vgl. ebd.). Besonders mit der Ausrichtung, eine

---

[31] Weitere Informationen unter: https://www.kompetenzz.de/

[32] Weitere Informationen unter: https://bundesforum-maenner.de/allgemein/
Besonderer Hinweis auf die Mitgliederliste des Bundesforum Männer: https://bundesforum-maenner.de/wir-uber-uns/mitglieder/

[33] Weitere Informationen unter: http://www.jungenarbeit-hessen.de/

[34] Weitere Informationen unter: https://www.timm-kunstreich.de/

[35] Weitere Informationen unter: https://www.juma-sachsen.de/

[36] Weitere Informationen unter: https://www.lag-vaeterarbeit.nrw/

[37] Weitere Informationen unter: https://kraftprotz.net/

persönlichkeitsbildende Identität zu entwickeln, die gekennzeichnet ist von „**emotional lebendigen, sozial verantwortlichen und selbstreflexiven Persönlichkeiten**" (ebd.). Es wird weiter deutlich, dass es um „**Haltung und Sichtweise[n]**" (ebd.) geht, welche sich gezielt „… mit dem eignen Mann-Sein und der eigenen Mann-Werdung." (ebd.) auseinandersetzt.

So bildet der Kern dieser Fortbildung wahrnehmungsrelevante Elemente seiner eigenen männlichen Persönlichkeit, in stetiger Reflektion über die eigens geschaffene Wirklichkeit als z.B. Sozialarbeiter und den damit einhergehenden Sichtweisen sowie Beziehungen zu eben den Geschlechtertypen Frau und Mann (vgl. LAG Jungenarbeit NRW 2001: S. 33). Es ist ein abwechslungsreiches, handlungsorientiertes und interaktives Angebot, welches aus einem „**Qualifizierungsmodul** á 30 Unterrichtsstunden" (LAG Jungenarbeit NRW 2001: S. 39), einem „**Praxismodul** ca. sechs Monate" (ebd.) und einem „**Reflexionsmodul** á 14 Unterrichtsstunden" (ebd.) besteht. „Das Fortbildungsangebot richtet sich an haupt-, neben- oder ehrenamtlich tätige **männliche** Fachkräfte aus Jugendhilfe, Schule und Sport … ." (LAG Jungenarbeit NRW 2001: S. 35)

Des Weiteren haben Rüdiger Jähne und Andreas Moorkamp für die Landesarbeitsgemeinschaft Jungen- und Männerarbeit Sachsen e.V., kurz LAG Jungen- und Männerarbeit Sachsen e.V. genannt, einen „Fortbildungsworkshop ‚Männer* beraten Männer*'" (Landesarbeitsgemeinschaft Jungen- und Männerarbeit Sachsen e.V. 2018) angeboten.

Dieser Workshop ist an geschlechtsunabhängige Berater gerichtet. Durch kreative Gesprächstechniken und Visualisierungspraktiken wird eine Plattform der Auseinandersetzung geschaffen. Es wird sich mit dem Thema „**Sozialisation und Biographie**[,] **Männer* und Emotionen**[,] **Beratungsanlässe und Anforderungen an die Berater*rolle** [und] **geschlechtersensible Kommunikation**" (LAG Jungen- und Männerarbeit Sachsen e.V. 2018) kritisch, diskussionsintensiv und reflektiert auseinandergesetzt.

Im Kern zeigt sich, dass sich bei und mit den oben genannten Auseinandersetzungen in der Männerwelt die tragende Säule der Kommunikation abbildet und diese Form der Verständigung mehr oberflächigen Charakter hat. Die zweite und sehr viel bedeutsamere Säule sei die gefühlte Erlebenswelt von Männern. An dieser Stelle wird ebenfalls markiert, dass dies der elementarste und zugleich schwierigste Zugang sei (vgl. ebd.).

Dementsprechend wurde die Idee des Übersetzens entwickelt und folge dessen „…
ist die Grundlage, sich mit den Gefühlen auseinander zu setzen, das Spektrum möglicher Handlungsoptionen zu erweitern und gewünschte Verhaltensänderungen
[bei Männern] voranzubringen." (LAG Jungen- und Männerarbeit Sachsen e.V.
2018)

Anhand von diesen beiden Praxisbeispielen wird in den zwei folgenden Kapiteln
5.2 Wie viel Fachlichkeit steckt in den Angeboten zur Entwicklung der männlichen
Identität in der Sozialen Arbeit? und 5.3 Ist eine Entwicklung möglich und notwendig? ein Theoriediskurs, bezugnehmend auf die Erkenntnisse der Thesis-Fragestellung **Welche Auseinandersetzungen mit der eigenen Persönlichkeit sind fundamental für einen Mann als Sozialarbeiter für sein sozialarbeiterisches
Handeln?** aus den vorangegangen Kapiteln 2 Konstruktion, 3 Soziale Arbeit und 4
Männliche Identität als Sozialarbeiter in der Sozialen Arbeit, hergestellt.

5.2 Wie viel Fachlichkeit steckt in den Angeboten zur Entwicklung der männlichen Identität in der Sozialen Arbeit?

Fachlichkeit[38] ist u.a. ein elementarer Bestandteil von zugesprochener Fachkompetenz eines männlichen Sozialarbeiters und bereits an der Stelle bildet sich eben
dessen Bewertung ein Abbild seiner fachbezogenen sowie männlich behafteten
Wirklichkeit.

Das erste Praxisbeispiel von der LAG Jungenarbeit NRW, siehe Kapitel 5.1 Angebote
zur männlichen Identitätsentwicklung als Sozialarbeiter, hat eine gute Grundlage
für die Wirklichkeit von einem Mann für einen Mann geschaffen, indem diese Fortbildung eben an die Adressatengruppe der männlichen Fachkräfte gerichtet ist.

Viele Facetten von unterschiedlichsten Konstrukten aus den jeweiligen Perspektiven, wie der kulturellen sowie gesellschaftlichen Realität, wurden abgebildet. Zugleich ist fachlich fraglich, inwieweit dieses Wissen für die Entwicklung einer
männlichen Identität nützlich ist. Sie bildet schlussendlich nur eine mögliche Erklärung eben dessen Lebenswirklichkeiten ab. In der Identitätsentwicklung eines

---

[38] „Fähigkeit, fachbezogenes und fachübergreifliches Wissen zu verknüpfen, zu vertiefen, kritisch zu prüfen sowie in Handlungszusammenhängen anzuwenden. Es handelt sich um rein
fachliche Fertigkeiten und Kenntnisse, die i.d.R. im Rahmen einer Ausbildung erworben und
durch Fort- und Weiterbildung erweitert werden. Gilt neben Sozialkompetenz und Metho-
denkompetenz als zentraler Bestandteil einer umfassenden Handlungskompetenz." (Bartscher & Nissen 2018)

Mannes geht es vielmehr um das eigene Suchen, Erforschen, Kennenlernen und Ausprobieren, und viel weniger um das Erklären, Verstehen und Überlegen. Des Weiteren geht es um das Fühlen, in sich Hineinhorchen und Nachspüren, wie gewisse Verhaltensweisen aus der Umwelt des Mannes auf eben diesen wirken.

Die Stärkung der Position mit den Handlungsgrundsätzen von differenzierter Gleichwertigkeit kann dahingehend als fachlich versiert zugeordnet werden. Diese wurde mit den lebendigen Parametern einer emotional gewachsenen sowie sozial verantwortlichen Persönlichkeit untermauert. Immer in Bezug auf reflektierende Mechanismen zu seiner Selbst sowie deren Einflussfaktoren aus der Umwelt. Diese Zielausrichtung ist hilfreich für die Entwicklung einer männlichen Identität und mit Hilfe einer Phase von praxisbezogenen Auseinandersetzungen untermauert.

Zugleich fehlt der kontroverse Blick mit dem Kontext der Sozialen Arbeit und vielmehr der Identitätsfragen als männlicher Sozialarbeiter in der Sozialen Arbeit. Beispielhaft zu nennen ist, dass kein Bezug zu den Prinzipen und dem Berufsverständnis der Sozialen Arbeit abgebildet wird. Zugleich hätten beispielsweise die Rollendiffusität als Mann, Sozialarbeiter im Handlungsrahmen der Sozialen Arbeit mit Hilfe von gezielten Rollenspielen zur aktiven Auseinandersetzung mit der männlichen Identität in der Sozialen Arbeit beitragen können.

Wie in den vorangegangen Kapiteln beschrieben, wollen sich Männer spüren und erleben. Das geht durch Handeln, durch eigens gemachte Erfahrungen und durch den aktiven Transport von Gefühlen. Es muss sich die Frage gestellt werden, welche Gefühle an welcher Stelle erlebt wurden und wie z.B. ein männlicher Sozialarbeiter damit nach innen wie nach außen umgegangen ist.

In dem Konzept wird der Fokus stärker auf die Herkunft und aktueller Gegebenheiten von männlichen oder weiblichen Interaktionsgefügen sowie Charaktereigenschaften gelegt. Die umgesetzte Idee von Reflektion, Praxis und theoretischer Herleitung ist eine fachlich gute Mischung. Bei der Schwerpunktsetzung und um sich mit der eigenen Wirklichkeit als männlicher Sozialarbeiter auseinanderzusetzen, wird z.B. nicht der notwendige Baustein von Wirkung und Verständigung eines handelnden männlichen Sozialarbeiters aus der Introperspektive aufgearbeitet.

Die gezielte Anleitung und Heranführung durch beispielsweise eine emotionale, gelenkte, möglicherweise meditative Reise zu dem Inneren eines Mannes fehlen. Auch die notwendige Basis des inneren Kindes des Mannes, um sich stärker mit der Akzeptanz der eigenen Lebenskonstruktion zu verbinden, fehlt. Sodass die Fokussierung auf eine innere Loslösung, einen von innen wachsenden Weg der Identität nicht gelingen kann. Bezogen auf das zweite Praxisbeispiel von der LAG Jungen- und Männerarbeit Sachsen e.V., siehe Kapitel 5.1 Angebote zur männlichen Identitätsbildung als Sozialarbeiter, ist für eine Auseinandersetzung mit einer männlichen Identität in der Sozialen Arbeit wenig fachliche Nachhaltigkeit durch die gewählte Form eines Workshops zu erreichen. Dagegen ist hervorzuheben, dass die Sozialisation sowie Biografiearbeit in Bezug zum Mann theoretisch und diskursiv thematisiert wird.

Des Weiteren wird ein kognitiver Austausch und die Bedeutsamkeit von männlicher Gefühlswelt hergestellt. Besonders der Kontextwechsel in der Betrachtungsweise zu der Rolle des Beraters und die notwendigen Konstruktionsübertragen in der Kommunikation von beispielsweise Empathievermögen als männlicher Fachexperte zum Mann sind als fachlich wichtig einzuordnen.

Zugleich fehlen handlungsorientierte Auseinandersetzungen, die z.B. nicht ausschließlich die kognitive Wirklichkeit eines Mannes ansprechen. Das Wissen über etwas oder jemanden bildet nur ausschnitthaft die tatsächliche Konstruktion eines Mannes ab. Vielmehr geht es um den erlebbaren Transport zur eigenen Gefühlswelt. Eine Positionierung und eine Haltungsentwicklung als männlicher Berater in der Sozialen Arbeit, die ebenfalls fundamental für eine Auseinandersetzung mit der männlichen Identitätsentwicklung ist, werden außer Acht gelassen. Weiterführend ist diese für eine professionelle Haltung und besonders für die Wirksamkeit eines männlichen Beraters und die Auseinandersetzung damit eine fachliche Notwendigkeit.

Reflektionsmechanismen werden entweder vorausgesetzt oder gänzlich nicht betrachtet. Reflektion stellt ein klassisches Handwerkszeug für den männlichen Berater dar und dieser kann darüber hinaus mit seiner Selbst sowie mit den Wirklichkeiten der anderen in Kontakt treten. Sie bilden ein weiteres Rüstzeug zur Entwicklung einer männlichen Identität in der Sozialen Arbeit.

Das entwickelte Verständnis des Workshops der LAG Jungen- und Männerarbeit Sachsen e.V., dass es eine Form des Übersetzens durch ein dialogisches Prinzip von Mann zu Mann über die Gefühlswelt geben soll, ist ein fachlicher Marker. Besonders mit dem Betrachtungsverständnis, diese Vorgehensweise auf die Basis von Handlung und Veränderung zu konzentrieren. Wie dies umgesetzt wird, bleibt fraglich und hinterlässt ein fachliches Potential.

Diese schöpferische und kreative Auseinandersetzung ist so fundamental für die Entwicklung der männlichen Identität als Berater im Kontext der Sozialen Arbeit, sodass die innere Vielfalt des Mannes wach sowie wachsam und achtsam gestaltet werden kann. So könnte eine fachliche Empfehlung sein, eine mehrtägige Wanderung unter männlichen Fachmenschen durchzuführen, bei der es um die innere sowie äußere Erfahrung von Grenzen, Selbstkonfrontationen und die damit einhergehende aktive Auseinandersetzung der Gefühlswelt geht. So ist es möglich, sich positionsstärker und handlungsorientierter mit der Reise der männlichen Identität auseinanderzusetzen.

5.3 Ist eine Entwicklung möglich und notwendig?

Die Frage, ob eine Entwicklung der Auseinandersetzung der männlichen Identität als Sozialarbeiter in der Sozialen Arbeit notwendig ist, gilt als unerlässlich. Der wissenschaftliche Diskurs mit der Verzahnung sowie Auseinandersetzung von Praxisbeispielen aus den vorherigen Kapiteln belegen eben diese.

Anzuführen ist, dass in der Bundesrepublik Deutschland die Gruppe von männlichen Sozialarbeitern eine Minderheit repräsentiert. Zugleich bilden diese eine enorme Bedeutung für sich als Mann, als Repräsentant von und für andere Männer, für die Vorbildfunktion als männlicher Sozialarbeiter unter den Kollegen, in der Gesellschaft und für die Hilfesuchenden.

Des Weiteren stellen sie einen enormen Zugewinn auf der gesellschaftlichen sowie politischen Ebene dar und zugleich leisten diese, mit eben dieser Entwicklung, mehr als nur den Prinzipen der Sozialen Arbeit, wie z.B. Förderung des Gesellschaftlichen Wandels, ihren aktiven Beitrag und werden diesen gerecht.

Das Zulassen und das Ausleben der andersartigen Männlichkeit, vollem Zuganges von Gefühlen, das (selbst)kritische Konfrontieren und Positionieren mit seiner Selbst und seiner Umwelt als gegebene Konstruktion zu verstehen, bildet nicht nur die notwendige Grundlage. Sie bildet zugleich die Antwort auf die Frage, vielmehr das Verständnis des Machbaren, des Möglichen.

Aufgrund dessen, ob eine Entwicklung mit der Auseinandersetzung der männlichen Identität als Sozialarbeiter in der Sozialen Arbeit möglich ist, kann diese vollumfänglich bejaht werden. Es gestaltet sich die Frage, wie das möglich ist?

Der derzeitige wissenschaftliche Stand bildet ab, dass es unterschiedliche Konstruktionen von Männern und deren Bildern gibt. Zugleich zeigt sich, dass in einer stark feministisch orientierten Gesellschaft eine enorme Orientierungslosigkeit und Unsicherheit in der Männerwelt vorhanden ist. Es wäre zu erforschen, woran das liegt.

Fehlen beispielsweise vorliegender Mut und Durchsetzungsstärke? Oder fehlt vielmehr die Bedeutung und Betrachtung dessen, also die geschaffene Wirklichkeit der veränderten Gesellschaft, dass Männer ihre Stärken und Schwächen zugleich anpassend und unterwürfig eingeordnet haben?

Diese möglicherweise fatalen Konsequenzen von Interpretationen bilden zugleich die volle schöpferische Kraft und Ausdauer, dass sich ein Mann, vielmehr ein männlicher Sozialarbeiter, aktiv durch die Bereitschaft zur Auseinandersetzung zeigt. Dies beginnt mit einer ersten, inneren Willenserklärung und dem Bejahen von Lust sowie Freude, sein Mann-Sein zu entdecken, zu erleben und zu erspüren. Diese fast banale und schlüssige Entscheidung schafft die erste und wichtigste Möglichkeit zur Auseinandersetzung mit der Identität als männlicher Sozialarbeiter in der Sozialen Arbeit.

Weitere Zugänge, wie z.B. die Frage nach der Wirkung und Wirksamkeit eben dieser männlichen Identität, gelten als zweitrangig. Es wären sekundäre Aushandlungsbereiche. Der erste Schritt, für eine mögliche Reise mit dieser genannten Entwicklung, ist Vertrauen. Vertrauen darin, sich respektierlich mit all seinen Persönlichkeitsanteilen und deren verbunden Charaktereigenschaften ungeachtet weiblicher oder männlicher Konturierungen anzunehmen und sich demzufolge mit einer kritischen und zugleich wohlwollenden Haltung sowie seiner Umwelt durch Achtsamkeit, Wachsamkeit und der vollumfänglichen Unterstellung der positiven Absicht zu begegnen. Dies sollte gepaart sein mit einer Bereitschaft zur verbalen Auseinandersetzung, einer zu beziehenden Position und des sich Eingestehens und Formulierens von Grenzen der Machbarkeit. Fortan mit der Idee, seine und die Wirklichkeit des anderen gemeinschaftlich zu verbinden und aktiv Kontrakte mit weiteren Männern, idealerweise männlichen Sozialarbeitern, zu schließen.

Sprichwörtlich gilt, um abschließend auf das Kapitel 5 Ist eine Entwicklung möglich und notwendig? zu antworten, dass jeder Anfang schwer ist und doch am Ende jeden Tunnels ein Licht zu erkennen ist. Somit ist eine Entwicklung als männlicher Sozialarbeiter in der Sozialen Arbeit nicht nur notwendig, sondern zugleich möglich.

6 Fazit

Die vorliegende Bachelorarbeit Männliche Sozialarbeiter – Konstruktion von Identität und professioneller Haltung hat einen pionierhaften Charakter und hat sich zugleich mit der Fragestellung Welche Auseinandersetzungen mit der eigenen Persönlichkeit sind fundamental für einen Mann als Sozialarbeiter für sein sozialarbeiterisches Handeln? auf ein wissenschaftliches Neuland eingelassen sowie damit auseinandergesetzt.

Die Bearbeitung dessen hat belegt, dass der konstruktivistische Gedanke eine Wahrnehmung durch Beobachtung der eigenen sowie der anderen Menschen ist. Das verfügbare Wissen über eben diese Wirklichkeiten ist eine Annahme von Bedeutungen, ohne den genauen Hintergrund der anderen Wirklichkeit zu kennen. Diese sind zugleich für jeden Konstrukteur selber in sich schlüssig. Die innere Wahrnehmung kann mit der äußeren Umwelt geteilt werden oder eben nicht. Jedes Interpretationskonstrukt ist ein Abbild seiner geschaffenen Wirklichkeit, die sich wechselseitig mit anderen Wirklichkeiten bedingt und austauschen will. Der Mechanismus von Konstruktivismus fußt auf Reflektionsfähigkeiten.

Dieses Betrachtungsverständnis birgt ein enormes Potential für einen männlichen Sozialarbeiter bzgl. der Innenschau zu den eigenen Gedanken, Gefühlen und Handlungen sowie eine Außenschau auf die Umwelt und deren Deutungsideen von Gedanken, Gefühlen und Handlungen.

Es lässt sich feststellen, dass ein männlicher Sozialarbeiter einen Kontakt zu sich als Mann, zu seiner Profession und zu seinem Kontext Soziale Arbeit herstellen sowie beibehalten kann.

Ein männlicher Sozialarbeiter kann sich jederzeit entscheiden, ob er weiblich zugesprochene Eigenschaften, wie z.B. Einfühlungsvermögen und Gefühlsechtheit oder männlich zugesprochene Charaktereigenschaften wie Mut und Willensstärke zulassen und zeigen möchte. Diese und weitere Zuschreibungen sind nicht weiter existent, außer in einer Wirklichkeit derer, die eben durch kategorisches und abwertendes Denken ihrer Lebensidee von Entmutigung und Abwertung Raum geben wollen.

Anhand von diesen ersten Ergebnissen und den intensiven Auseinandersetzungen in den vorangegangen Kapiteln lassen sich für einen männlichen Sozialarbeiter eine andersartige prozessgestaltete Denkform belegen und abbilden.

Es hat sich ebenfalls gezeigt, dass ein Mann eine handlungsorientierte Auseinandersetzung benötigt, um mit sich und seiner Erlebenswelt auf der affektiven sowie handlungsreichen Ebene in Kontakt sein zu können. Ein weiteres Ergebnis ist, dass die innere Willenserklärung und Bereitschaft jegliche Formen von Gefühlen zulassen muss, unabhängig ihrer Ausprägungen, wie z.B. Wut, Schmerz, Angst oder eben Freude, Lust, Neugierde. Ein in sich Hineinhorchen, dem Gefühl nachzugehen und dieses nach außen zu zeigen, bilden einen wesentlichen Zugang zur aktiven Auseinandersetzung mit seiner Persönlichkeit.

Ebenfalls konnte herausgearbeitet werden, dass Vertrauen in seine Stärken und Schwächen als männlicher Sozialarbeiter ein gelungener Schritt in eine positionsstarke Haltung ist. Dies bezieht sich auf das Bewahren der Haltung zu sich als Person, in Form von beispielsweise innerer Ruhe bewahren und Ruhe gegenüber seinen Mitmenschen, durch z.B. Geduld in herausfordernden Situationen, behalten. Diese ist geprägt von der positiven Absicht, als männlicher Sozialarbeiter, authentisch Rückschläge, Umwege und weitere Fehlkonstruktionen, welche unabdingbar sind, anzunehmen und sich einzugestehen.

Ein männlicher Sozialarbeiter in der Sozialen Arbeit ist Entscheider und Verantwortungsträger seiner Wirkungen. Er kann durch den Perspektivenwechsel reflektiert sowie differenziert über sein Denken, Fühlen und Handeln entscheiden. Zugleich berufen sich seine Wirkmechanismen auf die Prinzipien der menschlichen Nächstenliebe und Achtung vor der Vielfalt. Diese innere Pluralität erweitert den emotionalen und kognitiven Horizont des männlichen Sozialarbeiters.

Eine gewonnene Offenheit ermöglicht es dem männlichen Sozialarbeiter, sich auf das mutigste Merkmal einer Identitätsentwicklung einzulassen, auf das Suchen. Dies beinhaltet die innere sowie äußere Welt zu erkunden, zu erforschen, kennenzulernen, wahrzunehmen, zu erspüren und fort weg sich entwickelnde, neue wie bestehende Seiten an seiner Persönlichkeit zu erfahren.

Ein weiteres Ergebnis bildet die Umsetzung und Einhaltung von Grenzen, eigene Grenzen zu erkennen, zu akzeptieren und zu respektieren sowie eben die der anderen zu wahren. Sie sind ein wesentlicher Bestandteil, um mit den eigenen, zur Verfügung stehenden emotionalen, psychischen sowie physischen Ressourcen, langfristig und stark sein Mann-Sein leben und gestalten zu können. Dies kann durch einen achtsamen und fürsorglichen Umgang gelingen.

Um die Antwort auf die Fragestellung der Bachelorarbeit kurz zusammenzufassen, lässt sich sagen, dass die Auseinandersetzung mit den Themenfeldern fundamental für die eigene Persönlichkeit als männlicher Sozialarbeiter in seinen sozialarbeiterisches Handeln ist.

Zu den Themenfeldern gehören: andersartige prozessgestaltete Denkformen entwickeln, die innere Willenserklärung und Bereitschaft jegliche Formen von Gefühlen zulassen, Vertrauen in seine Stärken und Schwächen zulassen, eine positionsstarke Haltung einnehmen, Entscheider und Verantwortungsträger seiner Wirkungen sein, Suchen gestalten und die Umsetzung sowie Einhaltung von Grenzen bewahren, auf einer handlungsorientierten und emotionsreichen Ebene.

So lässt sich aus den Ergebnissen ableiten, wenn grundsätzlich eine männliche Identität oder eben diese für einen männlichen Sozialarbeiter nicht vorhanden wäre, dies fatal wäre.

Zum einen würden die Emotionen unterdrückt und es wären gesundheitliche Beeinträchtigungen die Folge. Ein bildlich gesprochenes Stehen bleiben auf dem Weg einer Identitätsentwicklung wäre ein Verlust an unentdeckten Potentialen sowie einer Einschränkung seiner Selbst auf der emotionalen sowie kognitiven Ebene.

Ein sich verschränken gegenüber andersartigen Denk- oder Lebensformen hätte die Folge einer Eindimensionalität. Sie könnte möglicherweise soziale Vereinsamung fördern.

Keine eigene Übernahme von Entscheidungen, Positionen und Verantwortungen führt zu fremdbestimmter Lebensweise. Zugleich könnten Denk- und Verhaltensweisen von Opferhaltungen entstehen.

Ein Misstrauen in die eigene schöpferische Kraft und Vielfalt könnten Unsicherheiten, Ängste und Unzufriedenheit schüren.

Die Missachtung von eigener sowie Grenzen anderer kann eine soziale Ausgrenzung und ein ständiges Übergehen sowie Überhören eigener Kräfte bedeuten.

Um es nicht so weit kommen zu lassen und sich auf die Ergebnisse der Bachelorarbeit zu fokussieren, sind verschiedene Ausblicke lohnenswert.

Zum einen sollte weiter das Themenfeld Identitätsentwicklung als männlicher Sozialarbeiter empirisch untersucht werden. Hier sollte der Schwerpunkt sein, weitere Erkenntnisse für eine gelingende Auseinandersetzung mit eben dieser männlichen Identitätsbildung zu eruieren. Besonders im Anbetracht des Kontextes der Berufsgruppe Sozialarbeiter und dessen Professionsfeld der Sozialen Arbeit.

Zum anderen sollte ein Konzept für eine Weiterbildung zum Thema Identitätsbildung männlicher Sozialarbeiter in der Sozialen Arbeit entwickelt werden.

Diese sollte handlungsorientiert gestaltet werden. Viele Erfahrungsmomente und Konfrontationen mit seinem Selbst sollten selbstverständlich sein. Der Schwerpunkt sollte auf Zugänge der männlichen Gefühlswelt ausgelegt sein, um Erfahrungsräume des in sich Hineinhorchen und Nachspürens reflektierbar sowie besprechbar zu machen. Ein geschützter Rahmen, in dem männliche Sozialarbeiter unter sich sein können, sollte gegeben sein.

Die weiteren Ergebnisse aus der Bachelorarbeit sollten mit eingebaut werden und die vorgeschlagene Weiterbildung sollte ebenfalls einen, aber deutlich geringeren Anteil, an theoretischen Auseinandersetzungen einbauen.

Abschließend für diese Bachelorarbeit **Männliche Sozialarbeiter – Konstruktion von Identität und professioneller Haltung** haben bereits Pleck und Sawyer im Jahre 1974 einen deutlichen Aufforderungscharakter hinterlassen und übersetzt ins Deutsche, der original Text ist im Englischen, gesagt:

> „Wir als Männer wollen unsere volle Menschlichkeit wiederhaben. Wir wollen nicht mehr länger in Anstrengung und Wettbewerb stehen, um ein unmögliches, unterdrückendes, männliches Image zu erreichen – stark, schweigsam, cool, nett, gefühllos, erfolgreich, Beherrscher der Frauen, Führer der Männer, reich, brillant, athletisch und <heavy> (...). Wir möchten uns selbst gern haben. Wir möchten uns gut fühlen und unsere Sinnlichkeit, unsere Gefühle, unseren Intellekt und unseren Alltag zufrieden erleben." (Pleck & Sawyer 1974: S. 126)

Literaturverzeichnis

Adolph, Holger; Seibert, Holger (2016): Annähernd 56.000. Die Zahl der Sozialarbeiterinnen und Sozialarbeiter im Gesundheitswesen ist schwer zu ermitteln. https://dvsg.org/fileadmin/dateien/05Aktuelles/04Mitgliederbefragung/FORUM_2016-4AdolphSeibert.pdf (Zugriff: 05.05.2019).

Angermeier, Georg (2004): projektmagazin. Projektmanagement-Glossar. Wirksamkeit. https://www.projektmagazin.de/glossarterm/wirksamkeit (Zugriff: 20.06.2019).

Arnold, Rolf (2018): Das kompetente Unternehmen. Pädagogische Professionalisierung als Unternehmensstrategie. Wiesbaden.

Bartscher, Thomas; Nissen, Regina (2018): Gabler Wirtschaftslexikon. Das Wissen der Experten. Fachkompetenz. https://wirtschaftslexikon.gabler.de/definition/fachkompetenz-35751/version-259226 (Zugriff: 20.06.2019).

Bilden, Helga (1997): Das Individuum – ein dynamisches System vielfältiger Teil-Selbste. Zur Pluralität in Individuum und Gesellschaft. In: Keupp, Heiner; Höfer, Renate: Identitätsarbeit heute. Klassische und aktuelle Perspektiven der Identitätsforschung. Frankfurt am Main, S. 227 – 249.

Boecker, Michael (2015): Erfolg in der Sozialen Arbeit. Im Spannungsfeld mikropolitischer Interessenkonflikte. Wiesbaden.

Böhnisch, Lothar (2015): Pädagogik und Männlichkeit. Eine Einführung. Weinheim, Basel.

Bundesministerium des Innern, für Bau und Heimat (2018): 7.9.3. Normenreihe DIN EN ISO 9000:2000. https://www.orghandbuch.de/OHB/DE/Organisationshandbuch/7_Management/79_Qualitaetsmanagement/793_DIN/din-node.html (Zugriff: 20.06.2019).

Buschmeyer, Anna (2013): Zwischen Vorbild und Verdacht. Wie Männer im Erzieherberuf Männlichkeit konstruieren. Wiesbaden.

Butler, Julia (2018): Das Unbehagen der Geschlechter. Gender Studies. 19. Aufl., Frankfurt am Main.

Castells, Manuel (2017): Die Macht der Identität. Das Informationszeitalter. Wirtschaft Gesellschaft Kultur. Bd. 2. 2. Aufl., Wiesbaden.

Connell, Robert W. (2006): Der gemachte Mann. Konstruktion und Krise von Männlichkeiten. 3. Aufl., Wiesbaden.

Deutscher Berufsverband für Soziale Arbeit e.V. (2014): Forum sozial. Die berufliche Soziale Arbeit. Berufsethik des DBSH. Ethik und Werte. https://www.dbsh.de/fileadmin/downloads/DBSH-Berufsethik-2015-02-08.pdf (Zugriff: 15.06.2019).

Deutscher Berufsverband für Soziale Arbeit e.V. (2016): Deutschsprachige Definition Sozialer Arbeit des Fachbereichstag Soziale Arbeit und DBSH. https://www.dbsh.de/fileadmin/redaktionell/bilder/Profession/20161114_Dt_Def_Sozialer_Arbeit_FBTS_DBSH_01.pdf (Zugriff: 08.05.2019).

Erikson, Erik H. (1973): Identität und Lebenszyklus. Frankfurt am Main.

Ernst-Bloch-Zentrum der Stadt Ludwigshafen am Rhein (2019): Wissenschaft. Wer ist Ernst Bloch? https://www.bloch.de/wissenschaft/wer-ist-ernst-bloch/ (Zugriff: 13.06.2019).

Frommann, Anne (2011): Identität der Sozialen Arbeit – Menschlichkeit als Erbe. In: Thiersch, Hans; Treptow, Rainer (Hrsg.): neue praxis. Zeitschrift für Sozialarbeit, Sozialpädagogik und Sozialpolitik. Sonderheft 10. Zur Identität der Sozialen Arbeit. Positionen und Differenzen in Theorie und Praxis. Lahnstein, S. 78 – 79.

Göppner, Hans-Jürgen (2017): Damit „Hilfe" Hilfe sein kann. Sozialarbeitswissenschaft als Handlungswissenschaft. Wiesbaden.

Gottschalch, Wilfried (1997): Männlichkeit und Gewalt. Eine psychoanalytisch und historisch soziologische Reise in die Abgründe der Männlichkeit. Weinheim, München.

Hafen, Martin (2008): Aus den sozialen Berufen. In dieser Rubrik werden wissenschaftliche oder fachpolitische Entwicklungen im Bereich der Ausbildung und der Tätigkeit der sozialen Berufsgruppen diskutiert. Die Mandatierung der Sozialarbeit – eine systemtheoretische Analyse und ihre Folgerungen für die Praxis der Sozialarbeit. In: Theorie und Praxis der Sozialen Arbeit. 59 (6), S. 453 – 459 http://www.fen.ch/texte/mh_mandatierung.pdf (Zugriff: 18.06.2019).

Hahn, Alois; Kapp, Volker (1987): Selbstthematisierung und Selbstzeugnis: Bekenntnis und Geständnis. Frankfurt am Main.

Heckmann, Friedrich (2016): Ethik, was ist das eigentlich? In: Begemann, Verena; Heckmann, Friedrich; Weber, Dieter (Hrsg.): Soziale Arbeit als angewandte Ethik. Positionen und Perspektiven für die Praxis. Stuttgart, S. 15 – 32.

Holdenrieder, Jürgen (2017): Betriebswirtschaftliche Grundlagen Sozialer Arbeit. Eine praxisorientierte Einführung. 2. erw. und überarb. Aufl., Stuttgart.

Hollstein, Walter (2012): Was vom Manne übrig blieb. Das missachtete Geschlecht. überarb. 2. Aufl., Stuttgart.

Hollstein, Walter (2007): Männlichkeit als Macht und Ohnmacht. Ambivalenzen der männlichen Rolle. In: Hollstein, Walter; Matzner, Michael (Hrsg.): Soziale Arbeit mit Jungen und Männern. München, S. 33 - 46.

Intarix Consulting GmbH (2019): Persönlichkeitsentwicklung. Entwicklung der Persönlichkeit. Persönlichkeit. https://entwicklung-der-persoenlichkeit.de/persoenlichkeit-2# (Zugriff: 20.06.2019).

Janssen, Rolf (2011): Das Profil sozialpädagogischer Fachschulen. Ergebnisse einer qualitativen Befragung von Schulleitungen. https://www.weiterbildungsinitiative.de/uploads/media/WiFF_Studien_9_Janssen_Profil_Internet.pdf (Zugriff: 27.06.2019).

Jensen, Stefan (1999): Erkenntnis – Konstruktivismus – Systemtheorie. Einführung in die Philosophie der Konstruktivistischen Wissenschaft. Opladen, Wiesbaden.

Kappeler, Manfred (2011): Von der Unmöglichkeit einer Identität der Sozialen Arbeit. In: Thiersch, Hans; Treptow, Rainer (Hrsg.): neue praxis. Zeitschrift für Sozialarbeit, Sozialpädagogik und Sozialpolitik. Sonderheft 10. Zur Identität der Sozialen Arbeit. Positionen und Differenzen in Theorie und Praxis. Lahnstein, S. 14 – 20.

Krafeld, Franz Josef (1996): Männliche Identität suchen und ersinnen lernen. In: Sturzenhecker, Benedikt (Hrsg.): Leitbild Männlichkeit. Was braucht die Jungenarbeit?!. Münster, S. 64 – 67.

Kühne, Thomas (Hrsg.) (1996): Männergeschichte. Geschlechtergeschichte. Männlichkeit im Wandel der Moderne. Reihe Geschichte und Geschlechter. Bd. 14. Frankfurt/Main, New York.

Kuhl, Julius; Schwer, Christina; Solzbacher, Claudia (2014): Professionelle pädagogische Haltung: Versuch einer Definition des Begriffes und ausgewählte Konsequenzen zur Haltung. In: Schwer, Christina; Solzbacher, Claudia (Hrsg.): Professionelle pädagogische Haltung. Historisch, theoretische und empirische Zugänge zu einem viel strapazierten Begriff. Kempten, S. 107 – 120.

Landesarbeitsgemeinschaft Jungenarbeit NRW e.V. (2001): Von der Arbeit mit Jungen zur Jungenarbeit. Fortbildung für männliche Fachkräfte aus Jugendhilfe, Schule & Sport. https://www.lwl.org/lja-download/pdf/Drogand-Strud_Von_der_Arbeit_mit_Jungen_zur_Jungenarbeit.pdf (Zugriff: 25.06.2019).

Landesarbeitsgemeinschaft Jungen- und Männerarbeit Sachsen e.V. (2018): Dokumentation. Fortbildungsworkshop „Männer* beraten Männer*" am 18.09.2018. https://www.juma-sachsen.de/files/2018/11/Dokumentation-Workshop_18.09.2018.pdf (Zugriff: 25.06.2019).

Landsiedel NLP Training (2019): Landsiedel Coaching. Coaching Welt. Wissen. Lexikon. Systemtheorie. https://www.landsiedel-seminare.de/coachingwelt/wissen/lexikon/systemtheorie.html (Zugriff: 15.06.2019).

Maier, Günter W. (2018): Gabler Wirtschaftslexikon. Das Wissen der Experten. Mikropolitik. https://wirtschaftslexikon.gabler.de/definition/mikropolitik-41364/version-264729 (Zugriff: 17.06.2019).

Mascenaere, Michael; Esser, Klaus (2015): Was wirkt in der Erziehungshilfe? Wirkfaktoren in Heimerziehung und anderen Hilfearten. 2. Aufl., München.

Matzner, Michael (2007): Das vernachlässigte Geschlecht – Jungen, Männer und Männlichkeit in der Sozialen Arbeit. In: Hollstein, Walter; Matzner, Michael (Hrsg.): Soziale Arbeit mit Jungen und Männern. München, S. 13 – 32.

Meuser, Michael (2010): Geschlecht und Männlichkeit. Soziologische Theorie und kulturelle Deutungsmuster. 3. Aufl., Wiesbaden.

Mührel, Eric (2015): Verstehen und Achten. Philosophische Reflexionen zur professionellen Haltung in der Sozialen Arbeit. Sozialpädagogik und Soziale Arbeit in der Blauen Eule. Bd. 19. 3. Aufl., Essen.

Onpulson.de GbR (2019): onpulson. Das Business-Magazin für den Mittelstand. Unternehmensführung. Postindustrielle Gesellschaft. https://www.onpulson.de/lexikon/postindustrielle-gesellschaft/ (Zugriff: 19.06.2019).

Pleck, Joseph H.; Sawyer, Jack (1974): Man and Masculinity. Eaglewood Cliffs.

Reich, Kersten (2006): Konstruktivistische Didaktik. Lehr- und Studienbuch mit Methodenpool. 3. Aufl., Weinheim/Basel.

Scherr, Albert (2013): >>Geschlechterverhältnisse als Querschnittsperspektive<<. Ein Gespräch mit Albert Scherr über Männer als Adressaten der Sozialen Arbeit. In: sozialmagazin. Die Zeitschrift für Soziale Arbeit 38 (7-8), S. 72 - 75.

Schwer, Christina; Solzbacher, Claudia; Behrensen, Birgit (2014): Annäherungen an das Konzept „Professionelle pädagogische Haltung": Ausgewählte theoretische und empirische Zugänge. In: Schwer, Christina; Solzbacher, Claudia (Hrsg.): Professionelle pädagogische Haltung. Historisch, theoretische und empirische Zugänge zu einem viel strapazierten Begriff. Kempten, S. 47 – 77.

Simon, Fabian (2018): Rechnungswesen-verstehen.de. Wirtschaft verständlich erklärt. Empirisch. https://www.rechnungswesen-verstehen.de/lexikon/empirisch.php (Zugriff: 15.06.2019).

Springer Gabler/Springer Fachmedien Wiesbaden GmbH (2018): Gabler Wirtschaftslexikon. Das Wissen der Experten. Zitierfähige Version. Soziologie. https://wirtschaftslexikon.gabler.de/definition/soziologie-45671/version-268960 (Zugriff: 15.06.2019).

Stangl, Werner (1989): Das neue Paradigma der Psychologie. Braunschweig.

Stangl, Werner (2019a): Online Lexikon für Psychologie und Pädagogik. Online-Enzyklopädie aus den Wissenschaften Psychologie und Pädagogik. Ontologie. https://lexikon.stangl.eu/15645/ontologie/ (Zugriff: 15.06.2019).

Stangl, Werner (2019b): Online Lexikon für Psychologie und Pädagogik. Online-Enzyklopädie aus den Wissenschaften Psychologie und Pädagogik. Epistemologie. https://lexikon.stangl.eu/8310/epistemologie/ (Zugriff: 15.06.2019).

Stangl, Werner (2019c): Online Lexikon für Psychologie und Pädagogik. Online-Enzyklopädie aus den Wissenschaften Psychologie und Pädagogik. Sehnsucht. https://lexikon.stangl.eu/19576/sehnsucht/ (Zugriff: 13.06.2019).

Stangl, Werner (2019d): Psychologische Begriffsbestimmungen. Handeln. https://psychologie.stangl.eu/definition/Handeln.shtml (Zugriff: 20.06.2019).

Stangl, Werner (2019e): Online Lexikon für Psychologie und Pädagogik. Online-Enzyklopädie aus den Wissenschaften Psychologie und Pädagogik. Entwicklung. https://lexikon.stangl.eu/12182/entwicklung/ (Zugriff: 20.06.2019).

Statistik der Bundesagentur für Arbeit (2019): Berichte: Blickpunkt Arbeitsmarkt – Akademikerinnen und Akademiker. Sozialwesen. Erwerbstätige und sozialversicherungspflichtige Beschäftigte. https://statistik.arbeitsagentur.de/Statischer-Content/Arbeitsmarktberichte/Berufe/generische-Publikationen/Broschuere-Akademiker.pdf (Zugriff: 05.05.2019).

Stoklossa, Detlef (2001): Leben mit Jungen in Kindertageseinrichtungen. Grundzüge der Jungensozialisation im Kontext traditionell-männlicher Lebensstandards / hegemonialer Männlichkeit unter dem Gesichtspunkt der Entwicklung zur Aggressivität und Gewaltbereitschaft. Bausteine für eine geschlechtssensible und gewaltpräventive pädagogische Konzeption in Kindertageseinrichtungen. https://www.brandenburg.de/sixcms/media.php/1231/jungensozialisation_2_.pdf (Zugriff: 17.06.2019).

Strohmaier, Jürgen (2003): Sind Sozialpädagogen „neue" Männer? Konstruktion von Männlichkeit im Feld Sozialer Arbeit. Hamburg.

Taylor, Charles (1996): Quellen des Selbst. Die Entstehung der neuzeitlichen Identität. Frankfurt am Main.

Thompson, Christiane (2017): Wirksamkeit als Motor und Anspruch der Veränderung. In: Jergus, Kerstin; Thompson, Christiane (Hrsg.): Autorisierungen des pädagogischen Selbst. Studien zu Adressierungen der Bildungskindheit. Wiesbaden, S. 49 – 89.

uni-protokolle.de (2019): www.uni-protokolle.de. Die Adresse für Ausbildung, Studium und Beruf. Etymologie. http://www.uni-protokolle.de/Lexikon/Etymologie.html (Zugriff: 20.06.2019).

Urwin, Jack (2017): Boys don't Cry. Identität, Gefühl und Männlichkeit. Hamburg.

ver.di – Vereinte Dienstleistungsgewerkschaft (2015): Was Sozialarbeiterinnen täglich so stemmen. https://scontent-dus1-1.xx.fbcdn.net/v/t1.0-9/17103_10152885464933583_5306578300707382425_n.png?_nc_cat=101&_nc_ht=scontent-dus1-1.xx&oh=d8211842d918f234bef184c82b6c5154&oe=5D902423 (Zugriff: 21.06.2019).

Weber, Anne (2018): Ganzheitliches Coaching. Energetische Klärung. Der systemisch-konstruktivistische Ansatz. https://weber.zentriert-sein.de/arbeitsweise/der-systemisch-konstruktivistische-ansatz/ (Zugriff: 15.06.2019).

Winter, Reinhard (2013): Männer von heute für Männer von morgen. Wie Jungenarbeit zwei Klappen mit einer Fliege berühren kann. In: sozialmagazin. Die Zeitschrift für Soziale Arbeit 38 (7-8), S. 84 - 89.